互联网+金融

——互联网金融的革命

冉湖　杨其光　鲁威元◎著

HULIANWANG+
JINRONG

北京工业大学出版社

图书在版编目（CIP）数据

互联网+金融：互联网金融的革命 / 冉湖，杨其光，鲁威元著. —北京：北京工业大学出版社，2017.4

ISBN 978-7-5639-5159-8

Ⅰ. ①互… Ⅱ. ①冉… ②杨… ③鲁… Ⅲ. ①互联网络－应用－金融 Ⅳ. ①F830.49

中国版本图书馆CIP数据核字（2016）第325920号

互联网+金融——互联网金融的革命

著　　者：冉　湖　杨其光　鲁威元
责任编辑：翟雅薇
封面设计：国风设计
出版发行：北京工业大学出版社
（北京市朝阳区平乐园100号　邮编：100124）
010-67391722（传真）　bgdcbs@sina.com
出 版 人：郝　勇
经销单位：全国各地新华书店
承印单位：三河市九洲财鑫印刷有限公司
开　　本：787毫米×1092毫米　1 / 16
印　　张：16
字　　数：185千字
版　　次：2017年4月第1版
印　　次：2017年4月第1次印刷
标准书号：ISBN 978-7-5639-5159-8
定　　价：38.00元

前言

20 世纪 90 年代起，互联网以极速迅猛之势在我国范围内得到了普及，深刻地改变了人类生活的方方面面。互联网金融就是在互联网向金融领域肆意渗透的基础上逐渐崛起的新兴产业。

如今，互联网金融已经立足与社交金融，将金融融入了人们的衣食住行之中，全方位实现了管理财富、管理健康、管理生活的功能，让人们的生活变得越来越美好。

这是一个互联网金融雄起纷争的年代，互联网金融市场诸侯乱象，百家争鸣，各种互联网金融平台层出不穷，让人应接不暇。互联网金融商业模式可谓众态百相。

众筹方面，如百筹汇，其借力新三板，使互联网金融估值暴涨；股权众筹“组团”投资新三板已成趋势；文化创意产业因众筹而异彩纷呈；苏宁易购为“中国好声音”冠军众筹百万黄金战衣。

P2P（个人对个人）网贷方面，P2P 网贷细分领域，向供应链金融挺进。

第三方支付方面，移动支付引领支付新风尚；第三方支付开始向多元化迈进；微信支付成为第三方支付的后起之秀；腾讯、阿里巴巴在第三方支付终端打响了争夺战。

大数据金融方面，传统银行引发了一场轰轰烈烈的数据争夺战；蚂蚁小贷借助大数据横空出世。

互联网保险方面，保险产品向多元化挺进；网络诈骗频发，互联网保险任重而道远；互联网保险人才大战拉开了序幕；互联网保险玩出新花样等。

所有的这些迹象都无不显示着互联网金融领域正发展得热火朝天、风生水起。

目前，国家正大力提倡“大众创业、万众创新”，互联网金融领域作为一片蓝海，无论是创业者还是新兴企业，都力图在这片广袤的蓝海中满怀激情地创造出属于自己的一片新天地，都希望能够在这片蓝海中赚得盆满钵满。但是，前提是要对互联网金融有更加深层次的了解，从而不断开辟出新思路、新方法、新路径来实现自己的创业梦。

本书将通过对互联网金融进行深刻的剖析，帮助读者更加深入地认识和了解互联网金融，并懂得如何更好地驾驭互联网金融，让其为自己的创业道路指明方向。更重要的是让读者通过阅读本书，能够开拓自己在未来互联网金融领域发展的想象空间。

希望本书在读者迈向互联网金融的成功之路上有所帮助。

目录

第一章
互联网金融服务市场百家争鸣

本章重点导读 / 002
当互联网遇上金融 / 003
五大银行互联网金融服务布局稳步提升 / 006
腾讯帝国的互联网金融梦：QQ 钱包发力 O2O / 010
京东白条：颠覆传统银行的信用卡业务 / 015
互联网金融下的大生态：蚂蚁与大象共舞 / 019

第二章
众筹，筹天下钱，圆创业梦

本章重点导读 / 026
有效实现众筹价值的商业模式 / 027
如何提高众筹的成功率 / 032
如何将众筹转变为营销妙招 / 036

众筹兴起，风险如何规避 / 039
利用好众筹，获资百万不再是梦 / 044
股权众筹“组团”投资新三板已成趋势 / 047
百筹汇：借力新三板，互联网金融估值暴涨 / 051
出版众筹：传统文化金融领域的创新性革命 / 054
文化创意产业因众筹而异彩纷呈 / 058
众筹经典案例：《中国好声音》收视飙红，苏宁易购为冠军众筹百万黄金战衣 / 061

第三章
P2P 网贷，互联网借贷平台的颠覆性创新

本章重点导读 / 066
P2P 网贷行业现状及存在问题解析 / 067
甄选优质 P2P 平台五步法 / 071
散户如何进行 P2P 投资 / 075
实现 P2P 理财收益最大化的秘密 / 078
如何降低 P2P 的投资风险 / 082
P2P 网贷细分领域，向供应链金融挺进 / 086

第四章
第三方支付，非金融领域的信誉保障

本章重点导读 / 090
第三方支付平台异军突起 / 091

第三方支付平台的现状及运营模式 / 096
第三方支付布局向多元化迈进 / 099
移动支付引领支付新风尚 / 103
爱钱帮联手徽商银行：第三方支付面临新挑战 / 106
微信支付：第三方支付的后起之秀 / 109
第三方支付终端争夺战：腾讯与阿里巴巴的巅峰对决 / 113
风口浪尖上的第三方支付该何去何从 / 117

第五章
大数据金融，引发金融界没有硝烟的战争

本章重点导读 / 122
大数据下的互联网金融 / 123
大数据金融的模式 / 127
大数据金融给传统金融业带来的影响 / 130
蚂蚁小贷：源于大数据的互联网金融 / 133
大数据大得其势，金融游戏是否还能继续 / 137
传统银行引发数据争夺战 / 140

第六章
互联网保险，解读保险圈的秘密

本章重点导读 / 144
互联网保险孕育巨大的蓝海市场 / 145
互联网保险产品向多元化挺进 / 149

互联网保险的全新玩法 / 153
互联网保险的起源、发展及未来 / 157
网络诈骗频发，互联网保险任重而道远 / 162
群雄逐鹿互联网保险，股票成“新金矿” / 166
互联网保险人才大战拉开序幕 / 169

第七章
互联网金融未来之路在何方

本章重点导读 / 174
监管落地，让互联网金融的未来不可限量 / 175
智慧金融——互联网金融未来的趋势 / 180
下一个 20 年：畅想互联网金融的未来 / 183
农村互联网金融成为下一个蓝海市场 / 187
消费金融成互联网金融主战场 / 191

附录 I：《非银行支付机构网络支付业务管理办法》 / 197
附录 II：《非银行支付机构风险专项整治工作实施方案》 / 212
附录 III：《关于促进互联网金融健康发展的指导意见》 / 220
附录 IV：《互联网保险业务监管暂行办法》 / 229

第一章

互联网金融服务市场百家争鸣

本章重点导读

☆ 2013年是中国互联网金融元年，2014年是互联网金融爆发之年，2015年是互联网金融行业发展突飞猛进之年。

☆随着2015年7月18日颁布的互联网金融监管政策——《关于促进互联网金融健康发展的指导意见》的落地，五大银行凭借自有的资源优势与信用后盾，不论是打“保卫战”还是“突围战”，都必然大有作为。

☆腾讯目前已经在QQ钱包功能上发力O2O（线上线下电子商务）模式，以此来实现其互联网金融的梦想。

☆京东白条作为电商平台的业务之一，兼有银行信用卡的特质，这对于传统银行来说无异于一种巨大的颠覆性创新，是对传统银行的信用卡业务发起的一场挑战。

☆在这个大的互联网金融市场环境下，传统金融机构、互联网企业、第三方机构共存，形成了互联网金融大生态，并且它们都在互联网金融领域中展开了激烈的竞争，都想在该领域分得一杯羹，于是形成了蚂蚁与大象共舞的局面。

当互联网遇上金融

当互联网遇上金融，一切都变得魅力非凡。互联网与金融的相互碰撞，摩擦出了闪亮的火花，于是互联网金融诞生了。

互联网金融实际上是指基于互联网工具，诸如支付、云计算、社交网络、搜索引擎、APP（手机软件）等，实现资金融通、支付以及信息中介等业务的一种全新的金融方式。但是，互联网金融并不仅仅是互联网与金融二者的简单结合，而是在能够确保安全、具有移动性能的网络技术水平上，通过人们逐渐接触并达到非常熟悉的情况下而产生的一种新兴业务模式。目前互联网金融包括以下几种模式：众筹、P2P 网贷、第三方支付、数字货币、大数据金融、金融机构、金融门户等。

互联网金融具有四大特点：

1. 成本低。由于资金供求双方都是在网络平台模式下实现信息甄选、匹配、定价的。交易活动中间并不会有任何中介介入，也不会有任何交易成本，更不会有任何垄断利润存在，这样，对于金融机构而言，并不会因为开设营业网点而带来任何投资费用。对于消费者而言，通过开放透明的平台，可以快速找到适合自己的金融产品，从而达到了省时省力的目的。

2. 效率高。互联网金融业务均由计算机来完成，很大程度上提高了操作流程的标准化程度，提升了业务处理速度，因此，消费者无须花时间排队等候，便可快速体验完美服务。

3. 覆盖广。客户可以不受时间和地域的限制，随时随地实现金融服务，并且基于互联网可以找到任何所需的金融资源，有效地实现了金融资源的高效配置，从而促进了实体经济的发展。

4. 发展快。互联网金融依托大数据和电子商务，实现了快速增长。

2013 年，无论从电视、报纸、广播、网络上都可以看到“互联网金融”这几个字。互联网金融已然成为人们所关注的话题。时至今日，互联网金融已经成为一种势不可当的发展趋势，也成为时下最为火热的话题。因此，可以说，2013 年是中国互联网金融元年，2014 年是互联网金融爆发之年，2015 年是互联网金融行业发展突飞猛进之年。

2015 年，国家对互联网金融高度重视，因此互联网金融全面洗牌重组，逐渐向正规化道路靠近，从而使我国互联网金融平台异军突起，使众多创业者燃起了创业火花，各大 P2P 平台如雨后春笋般涌现出来，许多众筹融资平台相继出现，互联网金融的发展呈现出全新的风貌。

从目前我国互联网金融发展现状来看，网络第三方支付、P2P 网络借贷、网络小额信贷、网络销售金融产品、众筹融资等发展形势保持着良好态势。P2P 网络借贷在互联网金融中的融资所占比重最大。据有关统计数据显示，2015 年上半年，我国的 P2P 平台数量已经突破 3000 家。

2015 年，互联网金融平台的不断涌现以及互联网金融的创新，对于我国经济的发展具有深远影响。目前，我国互联网金融创新主要分为两支，一支是技术主线，一支是制度主线。

在技术因素方面，由技术引起的互联网金融创新，实际上是与国际主流的技术创新相吻合的，这样的互联网金融在推动经济发展的过程中具有长期的、巨大的价值。

大数据金融实际上就是技术主线上的互联网金融。大数据的分析方法不但对金融产品的设计应用层面有一定的影响，还对市场实现自由交易以及市场定价方面有非常重要的影响作用。

在制度因素方面，鉴于我国经济目前处于转轨时期，诸多互联网金融实际上是一种具有特殊意义的监管创新，也是一种具有短期化特征的创新。

互联网金融的出现，缓解了以往小微企业“融资难、融资贵”的困难局面，但是对于融资风险问题，互联网金融并没有很好的解决办法。我国目前的金融经济无论从机构还是从市场指标来看，虽然规模已经在全球行列中处于领先地位，但是依然存在“短板”。

较之前的互联网金融发展而言，2015 年 7 月 18 日出台了《关于促进互联网金融健康发展的指导意见》（以下简称《指导意见》），将全面对互联网金融进行监管和规范，从而使互联网金融走上正轨。《指导意见》对于促进互联网金融的发展具有十分重要的指导意义。通过互联网金融，可以实现大众创业，并为大众创新敞开了广阔的大门。不但满足了小微企业、中低收入阶层投资、融资的需求，还从根本上提升了金融行业整体的服务质量和效率，使民间金融走向了正规化，也使互联网金融更加向亲民化靠近。

互联网金融的发展必将成为经济发展创新的全新驱动力，对于我国目前的市场格局具有深远的影响，促进我国传统银行的发展和服务更上一个新台阶。

五大银行互联网金融服务布局稳步提升

眼下，互联网金融之风正吹遍全国，与此同时也给传统金融业带来了强烈的冲击。国内五大银行，包括中国银行、工商银行、中国农业银行、中国建设银行、交通银行，面对巨大的竞争压力，从低调观望的态度向积极参与的行为转变，如今已经实现了与互联网金融的接轨，并逐步加快互联网金融领域的布局速度，最终在稳步中实现提升。

传统银行和互联网企业之间过招的两大主战场分别为电商平台和直销银行。对于电商平台而言，五大银行都已经介入。2014 年 1 月 12 日，工商银行为了迎合互联网金融的发展趋势，全力打造的自有电商平台——“融 e 购”全面上线。

目前，融 e 购经销的商品种类囊括了数码家电、汽车、金融产品、服装、珠宝、交通旅游以及机票预订等十几个行业的相关产品近万件，并且推出其自有的特色服务：

1. 用户订单高于 6000 元（包括 6000 元），即可申请逸贷业务，整个过程全部在线自助完成，可以实现瞬时到账。用户拥有商品的同时，也可以享受融 e 购的快速服务体验。

2. 支持工商银行用户积分抵现支付订单。

3. 几乎所有的产品都从生产厂家直接上货，中间省去诸多销售渠道，不但降低了上货的成本，同时也缩短了消费者与生产厂家的距离，降低了商品销售的价格。

4. 所有工商银行网银用户，均可凭借网上银行的用户名和密码直接登录融 e 购，无须另外注册，可以实现快速购物，快速交易。

5. 此外还有多种付款方式可以供消费者选择，包括积分支付、网银支付、电子券支付、逸贷 / 分期、工银 e 支付、闪购、跨行支付、商户分期。多种付款方式更加便利，消费者可以随心选择。

工行推出的融 e 购标志着传统银行在互联网金融领域不再是静静的旁观者，而是开始适应时代潮流，进行转型升级。此外，为了应付第三方电商平台带来的竞争压力，工行还推出了线上线下均可实现快捷支付的品牌“工银 e 支付”，主要是提供小额支付功能，并且上线了“工银 e 投资”客户交易终端产品，以及“逸贷”“网贷通”“线上 POS”三大在线产品。

如今，“融 e 购”线上注册人数已经超过了 1600 万人，累计成交金额超过了 1000 亿元人民币。“工银 e 支付”的账户注册数也已经突破了 5000 万；“逸贷”线上线下累计放贷金额超过了 2300 亿元。“网贷通”也已经向 7 万客户发放了近 2 万亿元贷款。

然而，对于直销银行来讲，目前也只有工商银行走在了最前列。2015 年 3 月，工商银行的直销银行“工行融 e 行”正式上线，成为五大行直销银行之首。

工行作为领头羊，站在了传统银行向互联网金融进军的最前列，成为领军人物，领跑互联网金融领域。五大行的其他成员也跟随其后，将互联网金融提升至重要的战略地位。

中国银行为了追赶工行在互联网金融领域发展所取得的成绩，也大力布局互联网金融，推出“中银 E 社”“航运在线通”“惠民金融服务”等诸多网络金融服务，并且还在上海推出了网络金融产品 O2O 体验店。

中国农业银行也不甘落后，推出了互联网金融综合服务平台——“磐云”平台，该平台为用户全面提供信贷、理财、网购、支付结算等诸多金融产品和服务。

建设银行将其原有的电商平台“善融商务”个人商城进行全面改版，将“精专特优”作为其商品特色进行凸显，将龙卡商城和善融个人商城进行深度全面融合，同时还推出了全新的移动支付产品。

交通银行在互联网金融布局方面更胜一筹：在理财方面有“快溢通”，在电商方面有“交博汇”，在网贷方面有“e 贷通 2.0”，在移

动金融方面有“e 懂交行”，整体布局可谓面面俱到。

从五大银行的整体改革和布局来看，我们不难发现，各大银行对互联网金融的战略部署十分重视。除此以外，五大银行还推出了“宝宝”类产品，并且开始着手实施直销银行，这是对其他互联网金融企业全面发起了挑战。

随着《指导意见》的落地，五大银行凭借自有的资源优势与信用后盾，不论是打“保卫战”还是“突围战”，都必然大有作为。

腾讯帝国的互联网金融梦：QQ 钱包发力 O2O

金融互联网作为近几年的一个全新领域，目前还处于初级阶段，无论是互联网企业也好，还是传统金融机构也罢，大家都是借助互联网摸着石头过河。O2O 成为互联网金融发展的一个全新开端，走进了大众视野。

所谓 O2O 实际上是指线上线下的商业机会相结合。线上是线下交易的前台，保证线上平台与线下实体店的商品价格一致。当前，O2O 是一种非常流行的商业模式。

2015 年 6 月 18 日—19 日，主题为“创新、联接、民生”的夏季世界 O2O 博览会在北京国家会议中心召开。会上，各企业要员参加了巅峰对话。移动服务商如何助力 O2O 企业发展成为会议探讨的关键性话题。在未来，O2O 模式的发展过程中会遇到哪些机遇与挑战、如何平衡线上线下业务在企业中的比重等，成为会议上讨论的焦点性话题。

对于此次会议讨论的中心问题，腾讯财付通副总经理从不同方面阐释了“互联网 +”时代，如何解决 O2O 模式发展的局限性，为“移动服务商如何助力 O2O 企业发展”提供了良好的理论基础和全新的创新方式。

事实上，腾讯目前已经在 QQ 钱包这一功能上发力 O2O 模式，以此来实现其互联网金融的梦想。QQ 钱包是腾讯借助 QQ 软件特别推出的一件互联网金融理财产品，可以将用户的银行卡账户与 QQ 钱包绑定，为用户打造更加便捷的移动支付。通过使用 QQ 钱包，用户可以实现手机充值、购买电影票、购买 QQ 会员、玩游戏等，另外也可以通过该支付方式实现 QQ 群在线教育，为广大的 QQ 用户带来便捷的支付体验。

截至 2015 年上半年，腾讯 QQ 拥有用户量已经达到 8.5 亿，其中手机 QQ 用户数量达到了 6 亿人，QQ 钱包则作为一个有效的连接器，将这 8.5 亿用户与 O2O 服务相连接，以开放的形态支持 O2O 的发展。

QQ 钱包在发展 O2O 模式时，有五大办法：

1. 满足虚拟业务支付的需求。QQ 钱包功能开发的初衷是为了服务 QQ 的传统领域，即满足虚拟业务的支付需求。

2. 满足移动端支付的需求。随着智能手机的普及，人们对于各种支付的需求都趋向于便利化，因此，QQ 钱包为迎合用户的支付需求，推出了话费充值、购买彩票等业务。

3. 支持社交支付业务。不少 QQ 用户有用 QQ 钱包发红包、转账的诉求，QQ 钱包推出的春节 QQ 红包和 QQ 转账功能受到了广大 QQ 用户的大力青睐与追捧。

4. 线上第三方支付业务。用户 QQ 钱包里的闲置资金应当如何合理支配？为了解决这个问题，QQ 钱包与第三方生活服务商联手，重点联手对象是线上 100 强企业，如唯品会、滴滴打车等。

5. 实现线上与线下的紧密合作。

线上与线下的合作主要包括五方面：a. 在网吧、学校、工厂等 QQ 经常被使用的地方为用户提供移动支付服务。b. 利用 QQ 常用的生活场景即全国性连锁机构，为用户提供支付服务，将 QQ 钱包的服务延伸进去。c. 全面走向广大商户，甚至是街边小商店，让用户可以通过扫描二维码的方式，或者通过输入 QQ 号的方式，实现简易、快捷的支付。d. 与诸如洗车、洗衣等 O2O 企业合作，全力开发和释放 QQ 的业务功能，支持 O2O 企业的发展。e. 提供线下用户的其他便利生活支付，如公交卡充值、快递到货支付等服务。

未来，腾讯将把其移动支付功能与金融采取双轮驱动策略，通过利用移动互联网平台发展其基础优势，把手机 QQ 与金融支付相结合，从而实现手机钱包的连接器作用，将个人与个人、个人与商户、个人与服务相互连接，进而推动 QQ 钱包在 O2O 中的发展进程。这样，用户在享受金融服务所带来的便捷感的同时，商家终端的利益也实现了最大化。因此，腾讯将“加强人与人、人与商、人与服务之间的交互节奏，这是移动支付时代首要解决的问题”作为2015年及以后的发展目标。

随着O2O模式在移动互联网时代的迅速发展，腾讯为了顺应时代的发展趋势，大力改进和提升公司策略，实现了转型升级。如今腾讯已经跟着时代的步伐，向“互联网+”进军。目前，腾讯正在大力发挥其海量用户管理能力、云服务能力、社交关系链等功能，借助大数据持续打造面向“互联网+”的工具包和接口，从而开发出更多的互联网能力，实现与产业共赢的目标。

目前，QQ财付通已经成为一个关键的连接器，将用户与商家、用户与服务相连接，从而让用户更加便捷地发现和享受服务，同时也促进了商家为用户提供更好的服务。因此，QQ钱包通过红包获取客流量的方式，已经严重威胁到了具备O2O模式的企业。

如今，国内互联网三大巨头BAT（百度、阿里巴巴、腾讯）已然在搜索、电商、社交等方面具有制高点优势。因此，从整体局势来看，三大巨头几乎控制了国内互联网的整体发展方向和发展节奏。

然而，在如今极为火爆的O2O发展模式下，信息和实物之间、线上和线下之间的联系越来越紧密，O2O将为中国未来互联网金融行业带来更加无限的可能。如今，财付通作为腾讯QQ的功能之一，经过十年的发展，构建了强大坚实的互联网金融支付平台，在O2O迅速发展的时代背景下通过开放合作与产业共赢的方式，实现了转型升级，并在大数据的基础上建立了金融征信以及支付的基础平台。这使其在O2O的快速发展进程中起到了信息能源合理管配的作用，为加速 O2O 的发展贡献出了巨大力量。

截至 2015 年上半年，腾讯旗下已经拥有腾讯征信、微众银行、腾讯手 Q、微信支付等多个互联网金融产品。因此，可预见，未来腾讯金融移动支付将会在包含 O2O 模式在内的多个领域继续发力。这样，财付通就可以更加开放地实现其战略部署，在互联网金融的大环境下，腾讯会将其财付通业务渗透到 O2O 模式存在的各个领域，最终冲破虚拟与现实的壁垒，改变人们的生活方式和生活习惯，促进生产和消费的对称性，从而更好地实现资源优化利用的目的。

京东白条：颠覆传统银行的信用卡业务

随着我国金融政策逐渐放宽，互联网金融成为当下炙手可热的产业，越来越多的银行系、国资系、互联网电商系、P2P系等不同市场主体开始跃入互联网金融的门槛，都希望能够在互联网金融领域分得一杯羹。

近几年，我国的贷款规模越来越大，使我国的消费金融呈迅猛增长之势。2014年，我国贷款金额突破了15万亿元人民币，有关专业预测分析显示，预计到2017年，我国的贷款规模将超过27万亿元。

从近年来国内的金融发展史来看，不难发现，我国的消费金融公司起步比较晚，在2010年之前，我国还没有出现消费金融这个概念，当时的消费金融基本上局限于个人金融、车贷、房贷等几个层面上。自2010年国内首批四家消费金融公司（北银消费、中银消费、锦城消费、捷信消费）获得批准以后，消费金融也开始从银行的金融体系中独立出来，自此，具有自主独立性能的消费金融公司正式出现。

互联网电商大亨京东是在互联网金融领域向消费金融发力最早的电商平台之一，2014年2月推出了个人消费贷款服务——京东白条。在历时一年半的时间里，京东在其金融方面进行升级，并重新进行布局，开始向垂直方向发展，以图更大幅度地拉动消费者的消费力度。

其实，京东白条是京东旗下的一款互联网金融产品，该项产品依附于京东的电子商务平台，为广大京东用户提供了免首付、免利率、免手续三项服务，可以被看作个人信用消费产品的雏形。用户可以将自己的消费记录、配送信息、退货信息、购物评价等数据提交给京东，并由京东进行风险评级，每个用户可以根据自己不同的信用额度在京东打白条，进行分期付款，信用等级最高的用户可以打 1.5 万元的白条。

2014 年 2 月 13 日—2 月 14 日，京东白条开始上线公测，拥有京东白条资格的用户可以享受“先消费、后付款”的信用赊购服务。目前，京东白条已经向多方面做了布局，如校园白条、租房白条、首付白条、旅游白条等。因此，京东的“白条 +”战略已经向除京东商城平台之外的多方消费金融区域进行拓展，包括大学、农村、旅游、租房、售房、企业采购等，实现了金融服务多方位覆盖的局面。

京东大力推出的京东白条业务对于传统银行来讲无异于一次巨大的颠覆性创新，给传统银行的信用卡业务带来了巨大的冲击。

实际上，京东白条是一种网购信用产品，京东用户可以进入京东页面，在线进行购物，在结算的时候，可以选择京东白条支付，并提交订

单。京东系统会对用户订单的消费记录、配送信息、退货信息、购物评价等诸多数据信息进行整体把握的风险评级。

京东商城自从开通了京东白条业务以后，交易数量急剧上升。2015年上半年京东白条交易额度与2014年同期相比增长了600%，消费金融同比上升了700%。京东白条成为拉动用户消费的有效利器。在京东白条出现前后，京东的月订单数量有明显的差距，京东白条业务开通以后，京东的月订单量较之前提升了52%，月均消费金额提升了97%，其中60%的订单来自移动端。2015年6月18日，是电商每年一度的618活动日，京东商城又一次刷新了销售纪录，下单量超过了1500万单，当天京东白条订单数量超过了总订单量的8%，80%的白条交易为分期购物。

京东为何可以如此大胆地给消费者提供“先消费、后付款”业务呢？是拿什么作为交易安全保障的呢？

实际上，京东白条团队有自己的一套风控拦截方式。在京东白条业务开通之前，京东就充分利用自有的多年来积攒下的大数据将一部分高违约风险的用户进行了严格把控。之后，在用户使用白条进行交易的时候，风控拦截系统会对整个交易过程进行实时监控，使得风险问题在襁褓中就被解决掉了。京东将这种风控拦截系统称为“天网系统”。在这套系统的严格把控下，京东的借贷不良行为大幅下降，达到了多数银行的信用卡借贷标准，并且对违法欺诈行为也起到了有效拦截的作用。

此外，作为首款面向个人的信用支付产品，京东白条限制每个用户可以获得的最高信用额度为1.5万元，最长可以延迟到30天之后进行付款，或者还可以选择 3—12 个月分期付款的消费方式，用户选择前者，无须支付任何利息。选择后者的话，则需按照每期 0.5% 的利率计算。如果京东多次提醒用户到期还款，用户逾期未还的，则每日需缴纳 0.03% 的违约金。

因此，京东白条具有以下特点：

1. 先消费后付款；

2. 最长 30 天延期付款；

3. 可进行分期付款；

4. 没有按时还款需要缴纳违约金。

京东白条的这些基本特征实际上都涵盖了信用卡的基本特征，可以说京东白条实际上是一张虚拟信用卡。京东白条虽然在业务功能方面和银行的信用卡相似，但是其服务费仅仅为银行的一半左右。

京东白条作为电商平台的业务之一，兼有银行信用卡的特质，这对于传统银行来说无异于是一种巨大的颠覆性创新，是对传统银行的信用卡业务发起的一场挑战。京东白条在互联网金融领域的全新尝试，未来前景必将十分看好。

互联网金融下的大生态：蚂蚁与大象共舞

当前，互联网金融已然成为一个时髦的词汇。互联网与金融的碰撞，带来了互联网金融的无限繁荣，使得余额宝、微信支付、微博钱包、P2P 等各种新鲜名词不断涌现，让人应接不暇。

目前，国内互联网金融市场异常纷繁复杂，国内参与互联网金融的主体大致可以分为以下几类：第一类，传统金融机构以互联网为基础，大力拓展金融业务。第二类，拥有一定规模的客户流量，并且收集、累积了一定的数据量的互联网企业向金融领域拓展。第三类，第三方借助互联网平台向金融服务行业进行深入渗透。由于各大金融企业自主推陈出新，并且各个企业之间形成了错综复杂的合作与竞争关系，因此形成了如今庞大纷繁的互联网金融生态体系。

首先，传统金融机构“挂网”。互联网技术的不断发展，使得金融领域也受到了很大的冲击，因此，传统金融机构“挂网”，实现了线下到线上的转变。通过互联网操作金融业务，使得经营成本大幅降低。银行成为第一个吃螃蟹的人，首先试水互联网金融行业。网银就是银行试水后的产物。网银的出现，给用户带来了直观、便捷的体验感受。在银行的带领下，众多金融机构也开始走线上道路。

随着移动互联网时代的到来，智能手机不断普及，移动互联网金融也随之诞生，并成为互联网金融行业中的蓝海业务。目前，移动互联网金融正成为炙手可热的金融模式，因此各种移动终端金融软件层出不穷地走向市场，诸如手机银行、掌上理财、微信银行等，使得互联网金融市场处于诸侯乱象、百家峥嵘的局面。

但是，在互联网金融领域存在一个值得让人深入思考的格局，那就是银行电商在互联网金融领域尽管发展时间并不短，但是较京东、淘宝等网购平台而言，银行网上商场购物的客户流量并不是很多。因此，针对这样的严峻态势，工商银行将其 2015 年的互联网金融战略目标定位为“打造一个集支付、融资、金融交易、商务、信息等功能于一体的全新的 e-ICBC”。工商银行推出的互联网金融品牌“e-ICBC”，成为当前国内第一家发布互联网金融产品的商业银行，这也标志着中国最大的商业银行，已经加快步伐全面走上了互联网金融战略实施的道路。

工商银行于 2015 年 3 月 23 日全力推出了“e-ICBC”互联网金融品牌，包括“融 e 购”电商平台、“融 e 购”即时通信平台、“融 e

购”直销银行平台三大平台。致力于打造电商平台、社交平台、网络平台、便捷支付、网络融资等产品平台，实现多点开花的局面。

其次，互联网企业金融奋力崛起。随着互联网金融在传统金融机构的发展，广大互联网企业也开始意识到互联网金融可能带来的巨大变革，于是，各大互联网企业开始摩拳擦掌地利用自己已有的平台优势和数据优势逐渐向互联网金融进军。阿里金融堪属其中的代表。

起初，阿里的组织架构进行整合重组的时候，很多人对阿里的这种业务延伸并不看好，但是别人的看法并没有影响阿里进军互联网金融的信心。之后，阿里重磅推出了阿里小额贷款业务，即阿里小贷，现已更名为蚂蚁小贷。随后，阿里还推出了针对个人消费者的信用支付、与天弘基金携手创造了余额宝，以及后来赚足眼球也赚足了钱包的支付宝。这些产品的成功都与阿里的大数据有密切的关系。阿里巴巴 B2B（企业对企业）平台、淘宝网 C2C（消费者对消费者）平台、支付宝（线上支付平台）、余额宝（网络金融平台）、聚宝盆（阿里金融云服务），没有一个向互联网金融业务的拓展不是在其已有平台上实现的。

蚂蚁小贷是一种经营类贷款，主要的服务对象为广大个体商户、小企业主、小作坊主等，其借款人不需要提供任何担保，只是根据借款人的信誉来发放贷款。

腾讯对此也不甘示弱，并成功介入了互联网金融领域。腾讯凭借自己多年来积累的海量用户，使得微信一经推出之后，微博几乎成了明日黄花。而微信支付的功能也与支付宝旗鼓相当，唯一不同的是二者的侧重点有所区别。支付宝将其重点放在了存量资金上，从而依托其完善强大的第三方支付工具建立了独立的服务平台。而微信支付强调的是支付功能的简单化、便捷化。在发展的过程中，二者一直都在不断完善自己、不断赶超对方。

如今，互联网企业已经在互联网金融领域不断壮大与角逐过程中趋于成熟，能够充分迎合消费者心理，使用户体验达到了极致。因此，各大互联网企业能够在互联网金融领域大放异彩。

最后，第三方介入互联网金融。第三方机构在继传统金融业和互联网企业之后，也开始在互联网金融领域跃跃欲试，并且涌现出诸多业务模式。

1.P2P、A2P（代理服务对生产消费者）模式。P2P 是个人对个人的借贷，将具有资质的网站作为中介平台，借款人在该平台上竞标，投资者向竞标得主发放贷款。

A2P 是代理服务商对生产消费者的新型贷款模式。A2P 有效控制了金融风险。

2. 第三方支付。第三方支付是具备一定实力和信誉保障的第三方独立机构，具有较为规范的管理制度。通过网络交易的买卖双方中间设立过渡账户，从而在交易过程中使得货物质量、交易诚信、退换要求等各个环节得到有效的保障。第三方支付促进了我国电子商务的快速发展。

3. 众筹模式。众筹模式实际上是通过公众投资获取资金援助。股权众筹成为如今最为时尚的话题，其种类有三种：凭证式、会籍式、天使式。

4. 第三方理财平台。目前，各种理财产品不断涌现，给消费者带来了“选择性障碍”，第三方理财企业更是紧跟消费者需求，大力研发能够满足消费者需求的理财产品，实现了差异化服务。

综上所述，我们不难发现，在这个大的互联网金融市场环境下，传统金融机构、互联网企业、第三方机构共存，形成了互联网金融大生态，并且它们都在互联网金融领域中全面展开了激烈的竞争，都想在该领域分得一杯羹，于是形成了蚂蚁与大象共舞的局面。

第二章

众筹，筹天下钱，圆创业梦

本章重点导读

☆众筹在互联网金融的发展中，给创业者提供了强大的支持力量，极大地促进了社会经济的快速发展。

☆要想玩转众筹，提高众筹的成功率，就必须做好时间规划和详细计划，并结合天时、地利、人和各方面的因素，才能水到渠成。

☆众筹是可以帮你圆梦的最好形式之一，也是帮你实现价值营销的有效手段之一。

☆众筹时代来临，并向互联网金融领域不断蔓延。我们不但要接受众筹在互联网金融领域的革命性影响，还要用心识别其创新所隐含的潜在风险，并对此加强防范意识。

☆越来越多的股权众筹平台参与新三板业务，从而呈现出一种股权众筹“组团”投资新三板的发展趋势。

☆新三板的股权众筹平台——百筹汇，实现了整体互联网金融估值暴涨的局面。

☆出版众筹带着自己特有的优势对出版行业的冲击力越来越强，所扮演的角色也越来越鲜明，实现了颠覆传统文化金融领域的创新，未来出版众筹必将成为引领出版行业的一种潮流。

☆文化创意产业与众筹的对接，为文化产业的发展带来了全新的渠道，也为其发展提供了更大的空间。

☆苏宁十分看好粉丝的力量，通过利用众筹模式筹集百万黄金战衣，不但利用《好声音》学员粉丝的力量来完成平台筹集资金的诉求，更重要的是实现了自己价值营销的目的。

有效实现众筹价值的商业模式

我国互联网金融正处于发展异常火热的时期，众筹作为互联网金融的发展模式之一，已然掀起了互联网金融发展的热潮。

众筹具有十分广阔的发展空间，可以延伸出多种商业模式，具有巨大的商业价值。众筹不但可以为投资人带来利润，也可以为创业者提供良好的资金保障，使得创业者在创业过程中没有后顾之忧。因此，无论对于投资者还是创业者来讲，众筹无疑是未来的潜力股。因此，众筹在互联网金融的发展中，给创业者提供了强大的支持力量，极大地促进了社会经济的快速发展。

所谓众筹就是借助网络平台，以大众筹集的方式获得资金支持，也可以说是一种群众募资，并将这些资金用来做各种活动的经费，如灾害重建、民间集资、竞选活动、创业募资、艺术创作、设计发明、科学研究以及公共专案等。

众筹的种类多种多样。通常情况下，实现众筹价值的主要商业模式有股权众筹、借贷众筹、奖励众筹、募捐众筹。

一、股权众筹

股权众筹是 2011 年从国外进入中国的，是时下国内最为时髦的众筹模式。所谓股权众筹，实际上是指投资者对项目或公司进行投资，获得其一定比例的股权。我国目前较为知名的股权众筹平台主要有天使汇、大家投、原始会等。

2015 年股权众筹排行榜：

1. 天使汇——天使融资众筹平台

2. 原始会——中国股权众筹平台领军企业，卓越的互联网金融平台

3. 人人投——草根天使投资实体店铺融资股权众筹网络平台

4. 众众投——实体店投融资的股权众筹平台

5. 天使街——专注 O2O 的股权众筹平台

6. 大家投——中国版的 AngelList 股权众筹平台

7. 创投圈——专注于早期项目的创业投资平台

8. 天使客——主打“精品路线”的股权众筹平台

9. 众投邦——首家新三板股权众筹互联网金融平台

10. 东家——京东股权众筹平台

股权众筹的运营模式包括：

1. 凭证式众筹：通过互联网买凭证或通过股权捆绑的方式实现募资，出资人出资后可以获取与创业企业或项目的股权挂钩的凭证，出资人不是该企业的股东。

2. 会籍式众筹：在互联网上通过熟人介绍，由出资人拿出资金，直接成为被投企业的股东。

3. 天使式众筹：出资人主动在互联网上寻找投资项目或企业，可以通过出资的方式或者直接成为被投资企业的股东，出资人通常会提出明确的财务回报要求。

目前，我国股权众筹发展势头十分火爆，国家出台的《关于促进互联网金融健康发展的指导建议》中专门对股权众筹进行了规范，其内容如下：

“股权众筹融资中介机构可以在符合法律法规规定前提下，对业务模式进行创新探索，发挥股权众筹融资作为多层次资本市场有机组成部分的作用，更好地服务创新创业企业。股权众筹融资方应为小微企业，应通过股权众筹融资中介机构向投资人如实披露企业的商业模式、经营管理、财务、资金使用等关键信息，不得误导或欺诈投资者。投资者应当充分了解股权众筹融资活动风险，具备相应风险承受能力，进行小额投资。股权众筹融资业务由证监会负责监管。”

由此可见，国家加大了对股权众筹的管理力度，对股权众筹进行了规范，足见国家对股权众筹的重视。由此也促进了股权众筹向着良好的态势迅速发展。

二、借贷众筹

所谓借贷众筹，实际上是指利用债权对自身平台上的借款企业进行股权投资。借贷众筹实际上是 P2P 网贷平台的前身，是由 P2P 网贷平台转型升级后的最终形式。

拍拍贷就是非常典型的借贷众筹平台。拍拍贷一般为小额无抵押借贷，覆盖的借款人群通常是中低收入阶层。同时，拍拍贷是借助网络和社会化的力量，强调每个人都来参与，从而有效地降低审查的成本和风险，使得小额贷款成为可能。拍拍贷最大的优势在于采用纯线上模式运作，平台本身不参与借款，而是事实信息匹配、工具知识以及服务功能，借款人的借款利率在最高利率限制下，由自己设定。

三、奖励众筹

奖励众筹也叫作汇报式众筹或者预购式众筹。顾名思义，是指项目发起人在筹集款项时，投资人获得的非资金性的回报。实际上，这种奖励众筹也含有预购＋团购的意味，即销售方通过在线发布新产品或者服务信息，对该产品或服务感兴趣的消费者可以通过预定的方式来实现产品的众筹融资。小米众筹平台的上线就是很好的例子。

2015 年 7 月 13 日，小米众筹平台正式上线。小米众筹平台的首款产品——万能遥控器已经开始试水。其众筹的目标是 2000 个，单价为 79 元人民币，预计众筹时间为 14 天。然而，据有关数据显示，在众筹活动开始仅仅几个小时之后，万能遥控器已经完成了 2000 个的众筹目标，最终参与人数超过了预期，达到了 6000 人。

事实上，小米能获得如此强大的众筹队伍，是因为其拥有庞大的用户、发烧友。小米做众筹的另一个优势就是，可以通过众筹帮助小米更好地圈住这批智能家电的早期用户。

四、募捐众筹

募捐众筹也叫作捐赠众筹、公益众筹，该众筹是一种不计回报的众筹模式。募捐众筹的资金支持者仅致力于募捐项目，不会在乎是否会有回报效益。从本质上来看，募捐众筹实际上是一种赠予行为。这种募捐虽然属于众筹模式，但实际上更多体现的是“重在参与”，旨在传递爱心、奉献爱心。

2015 年 7 月 31 日，长沙慈善会召开第三届四次办公会议，长沙慈善会将通过完善众筹平台，以募捐众筹的方式来助力“强生助孤”、“西城 · 环卫天使”、困难帮扶慈善基金、“雷锋超市”等 5 大项目的捐助，并通过该项募捐众筹资金来推出一批有内涵、有品位的慈善项目，以帮助更多需要帮助的人。

目前我国的募捐众筹模式还不够完善，相信随着众筹的不断发展，未来募捐众筹将成为一种新的公益潮流。

如何提高众筹的成功率

早期美国众筹平台 Kickstarter 成功实现了智能手表 Pebble 的融资，其融资金额达到了 3000 万美元，2015 年该产品的销售量已经超过了 30 万个，该案例成为众筹中典型的成功案例。

当然，国内也有非常成功的众筹案例。

目前，我国众筹的发展势头正盛，众筹平台——点名时间，已经收到了 7000 多个项目，近半的项目已经筹资成功，并已回馈给公众。我国深圳一家基于物联网技术的社交网站——麦开网，利用硬件和软件结合的方式为用户培养良好的生活习惯。其智能水杯 Cuptime，就是 2014 年其利用点名时间推出的一个非常成功的众筹产品，并获得点名时间的 2668 位用户的支持，该智能水杯通过众筹方式成功获得了 13 万多元人民币。该产品通过内置智能芯片和传感器，实现水温提示功能，并且还配套了手机应用功能，通过手机来监测用户的日常饮水量，从而改善用户的智能饮水习惯，使用户养成良好的饮水习惯。

随后，越来越多的产品在众筹平台上诞生了。2015 年 4 月，京东众筹也推出了 Ocup 智能水杯；2015 年 6 月，天极网又推出了 Yecup 智能水杯，并亮相众筹。

麦开网推出的Cuptime怎么做到能从7000多个项目中脱颖而出呢？是如何实现130多万元人民币的融资呢？如何能够提高众筹的成功率呢？这些是诸多众筹项目推广人极为关注的问题。

1. 要想成功实现项目推广，首先得抓住用户的痛点。Cuptime之所以能够取得成功，其关键在于该产品抓住了用户的痛点，满足了用户的实际需求。Cuptime在选择定位的时候，将白领作为其产品主打的对象，由于白领对于如何喝水才是健康的问题比较关注。因此，在产品研发出来的时候，用户会眼前一亮，觉得生活中的确需要Cuptime来改善自己的饮水习惯。加之，产品还配备精美高档的礼盒包装，因此在送恋人、送朋友的时候能让人们更加喜欢这款产品。

2. 要为产品造势。很多时候，众筹活动开始的第一天会吸引很多人前来关注，但是时间久了之后，人们对其的好奇感就逐渐淡化或者消失了。这时候，众筹项目推广人就需要另辟蹊径，寻找一条全新的突破方式，比如借鉴市场上一些成功品牌的经验，通过制订一个全新的时间表，来对整个众筹目标做一个全新的规划。比如逐步发布产品新功能、开发产品的周边产品，以及寻找全新的合作关系。这样可以给消费者带来不一样的新鲜感受，为吸引更多的人参与众筹注入新的活力。

3. 在做众筹的时候，要与投资者密切互动。产品在没有上市之前，要多听取投资者的各种意见，这些意见有助于产品的改进和完善。与投资者密切互动，可以增强投资者的参与感，使投资者感受到产品的一步步成型，其中也融入了自己的想法和创意，使投资者有一种满满的荣誉感。这样，投资者就对该产品具有一种非常特殊的感情，会主动将产品推荐给自己的朋友、亲人。能否花时间收集到好的投资者意见，并作出相应的改善，是产品成功与否的重要原因。

4. 通过众筹培育出粉丝投资者。在密切的互动过程中，强烈的参与感，使得投资者不但对产品有了感情，对整个品牌团队也有了难以割舍之情。从而使投资者成了品牌的忠实粉丝。

5. 利用有震撼力的视频抓住潜在投资者的眼球。通常情况下，产品研发出来以后都要开发布会，通过媒体的方式展示产品，从而增强潜在客户的信任度。通过媒体的方式让潜在用户对产品有一种视觉冲击，并逐渐映入潜在用户的脑海里，从而增添潜在用户购买产品机会。

在众筹活动中，也可以应用同样的方式，来增加投资者投资的机会。只是与传统方式不同的是，其传播载体不同。众筹采取的是视频传播的方式。对于众筹项目推广人而言，不会有太多的时间亲自拜访每一位投资者，但是制作一个有震撼力的视频就可以起到事半功倍的作用。视频成为投资者远程体验产品的重要途径。

6. 与投资者保持良好的沟通。通常，众筹项目都会给投资者一定的奖励，如果总预算中没有奖励资金在内，那么将给众筹活动的顺利开展带来一定的阻碍。

传统的奖励是以公司的长期目标为基础，根据投资的多少来决定。这时，启动众筹的创业公司就要非常清楚地知道自己的盈亏平衡点在哪里，自己的支出费用是多少。

投资者往往希望自己能够看到投资后所得的实实在在的回报，因此，有很多众筹项目的投资资金最低门槛仅仅为5元，这样，企业给投资人的回报仅仅是一声谢谢。如果众筹项目的启动者将门槛设得过高，则会失去很大一部分投资人，那么众筹项目也将无法进行。

7. 要有耐心，要坚持。做任何事情，贵在坚持。同样，经商也是如此。如果第一次众筹活动没有成功，那么就要通过分析自己的优缺点，重新定位，并再次尝试。在众筹圈中，失败的项目在之后又重新再来的例子有很多。

CoolestCooler 就是在失败中重新爬起来的例子。2013 年的时候，CoolestCooler 在 Kickstarter 上启动了众筹，但是由于种种原因，众筹目标并未达成。之后，在 2014 年，该项目重整旗鼓，重新发起了众筹，而这次成功了，并成为 2014 年融资金额最高的项目之一，并且以超过了预期融资目标 26 倍的好成绩获得了 1300 万美元的融资额。

8. 选择启动众筹项目的好时机。选择好时机，也是众筹能否成功的一个关键性因素。没有好的时间规划，就犹如万事俱备只欠东风一样，很难实现成功筹资。因此，要抓住人们有额外资金用来投资的日子。比如节假日期间，零售商和大品牌都会做出一些大促活动，这时候就不适合启动众筹。

由此可见，要想玩转众筹，提高众筹的成功率，就必须做好时间规划和详细计划，并结合天时、地利、人和各方面的因素，才能水到渠成。

如何将众筹转变为营销妙招

知识就是力量，知识就是财富，在“大众创业，全面创新”的时代，这句话得到了很好的体现。如果你有一个非常有价值的好创意，众筹就是可以帮你圆梦的形式之一，也是帮你实现价值营销的有效手段。

随着众筹浪潮的涌动，一些嗅觉灵敏、姿态亲民的新兴时尚品牌也灵光一现地借助众筹的发展势头进一步扩大自己的市场。美国主打实惠的时尚服装网站 Everlane 高调发起了“众筹式扩张”；香港也大力推出了能让设计师依靠设计图稿就能获得众筹资金的 ZAOZAO 时尚设计众筹平台。时尚品牌与众筹的深度结合，使得品牌在营销的道路上更加顺风顺水，从而帮助时尚品牌拓宽了营销市场。因此，众筹已然“变异”成了一种营销手段。

众筹本来是通过互联网方式发布筹款项目并募集资金的一种融资方式。较传统融资方式而言，众筹的范围则更加具有开放性。只要是众多网友喜欢的项目，都可以通过众筹的方式实现资金筹集。

众筹是实现创业梦想以及拓展小微企业市场的关键之一。那么，如何才能将众筹转变为营销妙招呢？

1. 利用众筹做好品牌宣传。众筹实际上就是增强企业的曝光机会，变相地为企业做宣传，进而达到品牌营销的目的。众筹平台实际上是一个用于展示企业形象的平台，众筹平台与普通官方网站有所不同，众筹平台不仅具有官方网站的特点，还为用户之间建立了一种用于众筹营销活动的交互方式。

如今，众筹、P2P 等概念在国内非常火爆，诸多用众筹做营销的企业也纷至沓来，众筹营销一片繁荣。像阿里巴巴重磅推出的娱乐宝，众筹拍电影，通过“享受剧组探班、明星见面”等娱乐权益来吸引广大投资者出资，借助众筹也变相地给正在拍摄的电影做了一次免费的宣传，通过明星粉丝效应来增加民众对电影的关注度。

2. 利用众筹吸引用户参与，提升服务与质量。众筹的一个最大功能就在于一个“众”字，所谓“众”是大众、群众、众多的意思，通过众筹活动来吸引众多用户参与产品研发、生产、发布等多个过程，也是企业利用众筹进行销售的一种有效手段。通过用户参与，可以从用户的参与感受中获得更多的改善、提升的意见与建议，这无论对于创业者个人还是小微企业来讲都是提升产品质量与服务的绝佳机会。

微信朋友圈发出的“众筹邀约”，筹邀123个股东合伙开茶楼，这与众筹营销密切相关，也是利用众筹进行营销的一种方式。不但给茶楼做广告宣传，还吸引了大批民众前来参与，对于茶楼服务质量的提升具有很大的帮助作用。

3. 利用众筹强化消费者对品牌的认知。通过众筹的方式，企业的品牌形象在消费者和平台上不断地一遍遍被强化，在这个过程中，消费者是主动参与的，而非像传统商业广告那样进行轰炸式强化，因此，这种方式更容易被消费者接受，从而提升消费者对品牌的认知水平。

由此可见，从某种角度而言，众筹等于营销。众筹的结果，实际上是一种市场调查。在众筹过程中，通过与用户近距离接触、亲密交流，可以帮助企业改良产品、优化项目；对于公关能力较薄弱的公司，众筹为其增加了曝光率，让更多的人认识了该公司。

因此，众筹除了具有帮助发起人获得募捐资金的功能，还有能够帮助发起人实现品牌有效营销的作用。这其实是一种从金融到营销的转变过程或延伸，通过众筹可以完成新品上市、用户参与、品牌宣传等多种营销活动。如何能够利用好众筹做营销，还需要企业能够运筹帷幄、总揽全局，制订出适合自身发展的众筹计划。只有这样才能帮助企业在市场竞争日益激烈的情况下脱颖而出。

众筹兴起，风险如何规避

在互联网时代，互联网金融的兴起带来了众筹的出现。如今，众筹时代已然来临，并向互联网金融领域不断蔓延。我们不但要接受众筹在互联网金融领域的革命性影响，还要用心识别其创新所隐含的潜在风险，并加强防范意识。

众筹项目的兴起最早源于一家网站，该网站的搭建使得投资者来源不再像以前一样仅仅局限于风投机构，而是向大众转变，人人都可以成为投资者。众筹的出现，使得原有的传统融资模式发生了改变，令普通人都可以通过该模式实现自己的融资梦。

网络众筹的兴起，则使得融资变得更加简单化、便捷化。然而网络众筹也有自己的规则，众筹项目的发起者要为其支持者提供实质性的或者象征性的回报。实质性回报如资金、实物等；象征性回报如服务、感谢话语等。

与传统融资相比，网络众筹是在预设的时间内，以达到或超过发起人的目标金额才能算作成功筹资。发起人成功获得资金后，待项目完成后，支持者也会依照发起人的承诺获得相应的回报。如果项目筹资失败，发起人则将资金全数退还给支持者。

融资是指一个企业资金筹集的行为与过程，是指根据公司自身情况，包括生产经营状况、资金拥有状况、未来经营发展需求，做出相应的科学预测和决策，通过一定的方式，借助相应的渠道向投资者和债权人筹集资金，并用于公司正常生产需求。由此可见，融资是在企业内部进行的资金筹集，而众筹是企业或个人面向大众的资金筹集。

国内众筹与国外众筹相比还是有一定的区别的，然而其最大的差别在于对项目支持者的保护上。

在国外，如果众筹项目成功了，平台会将所有获得的资金提供给发起者，以供项目运行。在国内，是将所获得的资金分为两个部分，平台拿出 50% 的资金给发起者，以供项目正常运行，待项目完成之后，并确认支持者已经收到应有的回报，才会将剩下的 50% 的资金交给发起人。这也是我国为了充分保护支持者权益而做出的有效举措。

然而，即便如此，众筹还是存在一定风险的。

首先，部分第三方金融众筹服务平台的专业性有待检验。如果第三方平台不具备专业的理财顾问团队，并且在合作机构、金融产品的筛选上没有严格把关与管控，那么盲目介入金融众筹，是对投资者的一种极不负责的表现。

2014 年，一个名叫“钱先生”的互联网银行理财产品平台诞生了，该平台主要是以众筹模式代购银行理财产品，投资者可以投资 1 元来参与众筹活动，把全国用户较少的资金集结起来。然后通过该平台的法人代表开设个人银行账户，以该法人代表的名义去做风险测评、面签和购买理财产品。但是，后来许多银行都表示从未与该平台进行授权销售任何理财产品，包括中国银行、工商银行、农业银行、广发银行等。此外，这些银行还澄清：从未与该平台进行任何业务合作，客户从该平台购买的理财产品都不是银行销售的理财产品。种种“澄清”表明：该平台是否真正存在与理财相关的业务许可以及资质等都是个谜。

“钱先生”风波并不是唯一，事实上，像这样的有待检验的第三方互联网金融平台还有很多。那么面对互联网金融市场中理财平台鱼目混珠的情况，我们应当如何去伪存真呢？应当如何避免这样的风险呢？投资者应该对理财产品以及众筹服务平台有了充分调查、了解之后，经过再三的深思熟虑，然后再决定是否参与众筹项目融资活动，切勿盲目跟风。

其次，各大电商网站推出的时尚产品，价格实惠，对投资者充满了极大的诱惑力。有的投资者非常积极地参与自己追逐与喜欢的众筹项目，并且希望通过参与可以获得自己喜欢的众筹项目产品作为回报。但是我们要知道众筹成功后的兑现是存在一定的风险的，在某些项目中，投资人不但不能获取回报，反而会造成一部分甚至全部资金的损失。

相信大多参与过众筹的投资者都有这样的经历：

在参与众筹的时候，到了支付环节，就会有这样的一段具有提示性的话：

“风险说明：

××众筹是一个开放的众筹平台，公众基于对项目、发起人和回报的认同，通过资助的方式参与和支持创新。

众筹成功后，执行的过程中，如果项目没有按照预期的目标执行，项目发起人可能无法正常发放回报，如果产生了这种情况，您支付金额中的部分金额会退还给您，但是由于其中部分金额已经被项目组织者使用，您需要和项目组织者协商订金退还的事宜。××众筹没有帮您追讨资金的义务。”

通常，这样的“风险说明”往往是会被参与者忽视的。如果众筹金额是小额资金的话，即便是损失也无伤大碍，但如果是大额资金众筹的话，参与者就要小心行事、谨慎选择了。要知道，众筹并不是捡便宜。要知道，在拥抱众筹模式的同时，也要做好承受亏损的心理准备。

最后，股份众筹风险不容小觑。目前，我国针对公司股份专门做了公司法来限制股东人数。股权众筹模式常常借助于股权代持模式，因此，股权众筹也存在一定的风险，且不可避免。

股份代持实际上是委托人对受托人的一种信任，但如何才能避免受托人在未经许可的情况下擅自转让代持股份进行抵押融资呢？

1. 将代持股份纳入公司章程，这样可以在一定程度上约束受托人处理股份的行为。

2. 将代持股份办理质押登记，并在登记时通过制订高额的违约责任约定，来保护委托人利益。

3. 将公司隐名股东持股以及委托持股的情况纳入公司章程，或者制作成出资人协议附件。这样，即便是受托人有不轨行为，委托人也好有据可依。

以上三种是常见的众筹风险以及应对措施。除此以外，参与者还可以通过法律手段来保护自己的权益。如果发现该众筹项目属于非法经营，未经批准擅自在平台上销售相关金融产品，参与者可以向国家监管部门提交民事诉讼，该众筹项目的发起人将会承担相应的法律责任。

利用好众筹，获资百万不再是梦

如今，“众筹”这个字眼已经成为人们茶余饭后所谈论的话题：经常听到某个众筹项目成功，融资破百万。乍听起来，似乎是遥不可及的梦想。但是，如果能够利用好众筹，人人都可以实现自己的“百万梦”。

实际上，众筹并没有那么深奥。简单来说，众筹项目是一种完善产品质量、提高用户数量的方式，更是为企业打造营销平台的方式。众筹项目不但可以为发起者带来大量的资金流，还可以为发起者带来大量的用户流（即支持者、投资者）。

如果你有一个绝妙的创意，并且希望这个创意能够转化为真正的、实实在在的产品，那么你就需要寻找可以助你一臂之力的资金做后盾。为了实现这个愿望，你需要拿出100万的庞大资金，但是可能多年来的积蓄凑在一起都与100万相去甚远。这时候，你需要寻找投资人为你的梦想助力。众筹可以帮你实现你的梦想。

通过众筹融资，你可以找到成千上万的投资人帮助你实现你的创意梦想的转化。事实上，他们所希望的是能够在产品一上市的时候，就能在第一时间获得产品的购买权和使用权。

近年来，众多众筹平台以融资的方式走进了创业者的世界，也帮助众多创业者在众筹平台获得了上百万元的融资，实现了自己的创业梦。

在这些众筹平台上，你可以找到任何你能够想得到的、想不到的产品。众筹平台不但能够帮助创业者获得所需资金，还能够帮助创业者宣传产品。因此，众筹平台对于创业者来说，可谓是一箭双雕。

那么如何才能利用好众筹呢？如何才能获资百万呢？

首先，要让大众喜欢并爱上你。当你在众筹平台上宣传自己的产品时，首先要做的就是让大众知道你是谁，而不是一上来就忙于展示自己的产品。只有在了解了你，对你产生了信任之后，他们才会静下心来关注并了解你的产品。

其次，做好视频宣传。在让大众了解你的同时，你还要通过图文并茂的方式向大众宣传你的产品，这种图文并茂的内容应该是可以打动大众内心的，能与其产生共鸣的东西。好的视频宣传实际上是能让大众看完之后或捧腹大笑或痛哭流涕的视频，只有这样才能让人将设置的产品场景铭记于脑海，才能使其在看完之后不由自主地分享给自己身边的人。

据相关研究显示，通常情况下，购买一种体验比简单购买单纯的一种产品，更能使消费者所获得的快乐情绪维持更长时间。当看到你所设置的产品场景，并为之开心或难过后，这些人就会自发地组成一个交流社区，对你的产品进行交流、讨论。当你的众筹项目成功获得融资的时候，他们也会为你欢呼喝彩，庆祝你离你的创业梦更近了一步。

再次，寻找正确的合伙人。如果想让大众对你有足够的信任度，并且能够记住你的产品，关键是要用一种简单、美观的方式在很短的时间内讲述给大众。让大众认识到你和你的产品都是独一无二、非比寻常的。这时，你就需要寻找正确的合伙人与你共进退。正确的合伙人包括以下几种。

1. 优秀的视频制作合伙人。一个优秀的视频背后隐藏着一段非常引人入胜的故事。通过好的视频将你和你的产品展示给大众，这对于整个众筹项目来说既是门面，也是关键。能够让观看者产生共鸣的视频作品，必然可以让观众感觉到你的产品是能够照亮整个世界的产品。

2.PR（公共关系）合伙人。公共关系公司不但经验丰富，而且具有广阔的人脉，能够帮助你在对的时间发布你的产品，从而使你的产品宣传力度达到最大，也使你的曝光率达到最大。

3. 营销合伙人。除了视频宣传、公关宣传以外，你还要做的就是寻找有经验的技术营销团队。这样的技术团队通过问卷调查、竞争分析等方式，帮你锁定与你志趣相投的目标群体，根据这些目标群体的需求特点来进一步完善你的产品。

之后，进行广告推广。做众筹少不了广告宣传，但是要根据自己的预算来合理安排广告费用。项目宣传的目的就是让更多的人知道你的产品，广告宣传就是最好的渠道之一。

最后，专注长期发展。众筹不是一朝一夕的事情，而是一个长期的发展过程。即便是众筹目标完成，也需要花时间进行测试、评估，时间在推移，用户的需求也在不断变化，要回过头来重新发现客户的新需求，从而有利于你重新估值下次众筹项目需要付出多少成本才能保障盈利，从而促进企业的长足发展。

众筹是实现创业者梦想的有效渠道，如果利用得好，可以为创业者创造巨大的商业价值。但是如何才能利用好众筹平台，还需要创业者们努力深入研究，只有这样才能帮助创业者实现梦想。

股权众筹“组团”投资新三板已成趋势

股权众筹、新三板已经成为当下非常热门的话题，如今，股权众筹已经逐渐开始突击入股新三板，成为股权众筹的新玩法。

股权众筹平台的加入，使得大众投资新三板的门槛放低了不少。目前，新三板的个人投资门槛设定为500万元人民币，只有这样才能符合开户条件。由于门槛太高，众多投资者对此只能望洋兴叹。普通新三板定增基金产品一般最低为100万元人民币。天使客股权平台将其投资门槛定在了6万元人民币，从根本上真正地解决了对于普通投资者来说投资门槛高的问题。

2015年2月11日，华人天地的定增案发布：深圳众投一邦投资公司是由股权众筹平台众投邦与华人天地股权融资共同设立的项目制企业。而深圳众投一邦投资公司实际上也就是有限合伙人企业。该项目制企业的设立标志着股权众筹平台第一次参与已挂牌新三板企业的定增。通过众筹的介入，使得原来较高的资金门槛有所降低，从而使得个人投资者也能实现参与到新三板企业的定增中的梦想。

目前，众投邦、天使客、原始会等股权众筹平台已经全面加入了新三板业务。而众投邦作为国内首家新三板众筹平台，更是把众筹新三板作为其主要项目来发展。目前，越来越多的股权众筹平台参与新三板业务，包括蚂蚁天使、众筹网、众众投等，从而呈现出一种股权众筹“组团”投资新三板的发展趋势。

这些股权众筹平台涉足新三板业务的方式主要有两种：第一种，是拟挂牌新三板的企业通过众筹平台直接转让部分公司股权，由投资者进行认购。第二种，是股权众筹平台专门开辟新三板项目基金板块，众筹平台充当领投人，个人投资者进行跟投，最后再以有限合伙企业的方式参与项目。

那么，哪些企业适合挂牌新三板呢？

1. 处于初级成长阶段的中小企业。该类中小企业在研发产品和进行小规模生产的时候，需要不断扩大产能、拓宽市场。

2. 在成长中受限的中小企业。这种中小企业虽然具备一定的生产能力和营利能力，并且在市场中占据一定的份额，但是从资金、管理、人才方面来说，还是处于劣势，因此对其实现快速成长具有一定的局限性。

3. 拟上市企业。该类企业虽然即将上市，但是其财务、业务等还存在一定的不足，只有在经过整改和规范之后，才能在未来两三年内达到上市标准。

4. 在传统行业中有一定的规模，并且要有一定的利润要求的企业。

5. 新型行业中有创新能力，并能达到收支平衡的企业。

6. 在企业由新生阶段向发展期转变的过程中，要有强烈愿望与资本市场对接的企业。

截至 2015 年 6 月 11 日，共有 2559 家企业成功在全国中小微企业股份转让系统挂牌。预计 2015 年底，成功挂牌企业数量将达到 4000 家。

那么，发展新三板股权众筹有什么重要意义呢？

1. 可以拓展中小微企业的直接融资渠道，提升新三板融资功能。目前，由于新三板存在流动性不足、市场定价效率较低，并且投资人数较少等现象，新三板的融资功能无法实现快速提升，获得融资的挂牌公司仅仅占所有挂牌公司的 20%，其余的挂牌公司则得不到股权融资支持。然而，新三板股权众筹将为挂牌公司的融资渠道开辟一块全新的天地。挂牌公司可以通过股权众筹平台，向投资者发布融资信息，并全方位展示产品特点，让投资者充分了解并加入创业中来，这样不但降低了广告宣传成本，节约了时间成本，还促进了投资者与创业者之间的快速融资，提高了融资效率，从根本上提升了新三板的融资功能。

2. 可以丰富投资者的投资工具，引导民间资本投资。如今，投资工具空前丰富，诸如储蓄、银行理财产品、黄金、股票、基金、信托、P2P 理财产品、房产、外汇、收藏等，无论是个人还是企业都有更多的选择空间进行投资。新三板股权众筹作为一种全新的投资方式，丰富了投资者的投资工具，让投资人又多了一种选择投资的方式。基于其属于众筹范畴，因此能够便于引导民间资本投资方向。

3. 可以推动大众创业、万众创新，推动国家经济的快速发展。新三板股权众筹的出现，提高了创业者的创业积极性，推动诸多的创业者发起融资创业项目，获得创业资金，从而有利于鼓励大众创业、万众创新，打造中国经济新的“发动机”，从而加快我国经济发展的步伐。

综上所述，发展新三板股权众筹不但可以拓展企业融资渠道，实现长足发展，还对个人的投资具有一定的引导作用，甚至对国家经济实现快速提升具有重要的指导意义。因此，股权众筹“组团”投资新三板必将成为一种潮流。

百筹汇：借力新三板，互联网金融估值暴涨

2015 年春节之后，政府对股权众筹出台了相关政策，自此各大众筹平台迅速升温，一时间如滔滔大浪涌入了市场。随后，3 月 31 日，京东以高调的方式推出了金融股权众筹平台。与此同时，平安旗下的股权众筹平台也正式成立。截至 2015 年 4 月低，我国众筹平台数量已经达到了 149 家，其中股权众筹平台已经达到了 62 家。该数据较 2014 年 9 月底所统计的 14 家股权众筹的数量而言，在仅仅半年的时间里，数量就翻了几番。

百筹汇作为中国最为专业的众筹平台，也开始为自己绸缪未来的发展方向，于是提出了“孵化式股权众筹”的概念。所谓“孵化式股权众筹”实际上是指在原先项目具体的筹资需求上，针对创业公司的萌芽期、创建期、生存期等各个阶段中所产生的融资、管理、培训、营销推广等各种需求提供相应的增值服务。

然而，随着2015年新三板产品异常火热，国内多家股权众筹平台以线上募集、线上领头的方式推出了新三板产品，从而实现了个人投资者参与新三板投资的梦想。

诚然，百筹汇的“孵化式股权众筹”正是基于新三板的股权众筹，该股权众筹也被称作“新三板孵化式股权众筹”。事实上，百筹汇提出的“孵化式股权众筹”的内容中既包括了“孵化”又包含了“众筹”。“孵化”重点强调创业企业在不同的发展阶段中，对其所面临的融资、管理、培训营销推广等需求而提供相应的增值服务。而“众筹”则是把重点放在了社会各界力量的集结上。百筹汇作为一个良好的“连接器”，使得创业者能够获得一站式的服务和支持，包括资本支持、法务支持、市场服务、品牌服务等。

2015年7月中旬，百筹汇在继第一次天使投资时间仅仅相差3个月之后，又一次获得了天使投资人的资助，此次投资使得成立于2014年年底的百筹汇，在其仅仅发展半年多的时间里就实现了整体互联网金融估值暴涨。因此，这也使得百筹汇进入了快速发展阶段，其股权众筹线上运行仅两个月，就实现了线上线下认筹金额超过5000万元人民币的目标。与此同时，百筹汇旗下的物权众筹平台——百筹网和互联网金融资讯平台——亚当财经也都双双步入正轨。

百筹汇“孵化式股权众筹”的提出得到了社会各界的大力支持与认可。因为，“股权众筹”和“孵化”的深入融合，实际上意味着众筹平台借助新三板，已经不再像以往的融资一样只具有单一的融资功能，而是转向为创业项目提供更加实际的支持，这正与国家大力提倡“大众创业、万众创新”的政策相吻合，因此，百筹汇“孵化式股权众筹”中蕴含了一个十分广阔的需求市场，这也是百筹汇在资本市场中被看好的一个原因之一。所以百筹汇无论对于投资人还是对于创业者来说，都是良好的加盟伙伴。

正是因为如此，百筹汇已经成为当前互联网金融市场中备受追捧的一员。

出版众筹：传统文化金融领域的创新性革命

随着互联网金融的不断发展以及向各个领域的渗透，文化产业作为朝阳产业也逐渐受到互联网金融的影响，颠覆了传统文化金融领域的特点，开辟了更深层次的创新领域，可以说，出版众筹是当下出版行业的新思路。因此，出版众筹便在文化与互联网金融的火热交织下诞生了。

出版众筹是由缺乏资金，但能够提供富创造力和创造价值产品的出版人，借助互联网平台发起众筹活动，并且由那些与发起者具有同种相同、爱好，但是又疏于领导，没有魄力实现自己梦想的资金支持者进行投资，从而帮助发起者筹集资金实现属于大家共同的出版梦想。这种出版众筹的方式可以使发起者和支持者双方都能获益，支持者出资，发起者一方面将梦想变现，另一方面利用实物、服务等作为酬劳回报给出资者，可谓是实现了双赢。

早些时候，股权众筹从国外引进，成为一大热点。但是如今，随着众筹在我国的进一步深入发展，众筹与诸多领域结合进行大胆的新尝试，各种众筹模式不断呈现。文化产业受到众筹的极大影响，呈现出全新的姿态。影视众筹、杂志众筹、出版众筹、音乐众筹等诸多众筹项目不断涌现，使得文化产业中无论是音乐、出版、设计、艺术、影视还是动漫都从原来的传统的 B2C 模式（即先生产后推广最后被观众接受的模式）转变为众筹的 C2B 模式（观众接受后商家才生产的模式），只有募集资金达到了预期金额才能实现产品的生产运作。

出版众筹的出现也不是偶然，是顺应互联网金融的发展趋势而诞生的必然产物。通过众筹模式出版的书籍有很多，如《社交红利》（2013 年 9 月出版）、乐嘉的《本色》（2013 年出版）、《风口：把握产业互联网带来的创业转型新机遇》（2015 年出版）等。

先看一下《社交红利》。这本书在首次印刷之前通过众筹的方式，在两周的时间里就募集到了 10 万元书款，实现预售 3300 本的预期目标的。在之后的每月里，《社交红利》都会加印 5 万本，创下了惊人的销量。《社交红利》的出版，使得出版众筹成为传统出版行业的一颗璀璨的明星，照亮了出版业未来的发展道路。

《社交红利》全名为《社交红利：如何从微信、微博、QQ 空间等社交网络带走海量用户、流量与收入》，单从书名我们就不难发现，该书与腾讯有千丝万缕的关系。而这本书的作者就是在腾讯工作 6 年以上的员工徐志斌。

等初稿完毕之后，徐志斌将稿件发给了李开复和王肇辉求教，后来由王肇辉将其推荐给了出版方北京磨铁图书有限公司。但是正式进入出版发行阶段的时候，北京磨铁和徐志斌都有些犯愁了，本书讲的内容是新兴互联网商业，如果能将其与实际营销相结合，必定能够大卖，但是具体如何进行操作，双方都没有找到合适的渠道。

偶然的一次机会，徐志斌和一位读者进行交谈时，该读者提出了一项颠覆性的方式——采用出版众筹的方式。当时正值《中国好声音》与众筹网合作，通过预售那英演唱会的门票来确定演唱会场地的大小以及演唱会开演的城市。徐志斌正好乘着众筹之风，在众筹网发起了 10 万元的预售“募资”，并将马克杯、与作者零距离下午茶交流、《社交红利》发布会入场券等作为对投资者的回报，最终出版了自己的图书。

一时间，《社交红利》火了，磨铁公司也一下子声名鹊起，出版众筹从此成了出版行业聚焦的热点。

不少人认为，是出版众筹成就了《社交红利》的成功，如果没有众筹平台，也就不会有《社交红利》的声名大噪，也不会有徐志斌的功成名就。但也有人说，是《社交红利》带动了众筹的进一步发展，将成立仅仅半年时间的众筹网推荐给了国内科技行业中顶尖的企业家，最终使得众筹成绩斐然。

不论是众筹成就了《社交红利》，还是《社交红利》成就了众筹，出版行业与众筹的合作的确是颠覆了传统出版行业的模式，实现了创新，在出版领域的确是一次巨大的创新性革命。《社交红利》一炮而红之后，不少图书的出版借鉴其出版方式，因此跟随者和效仿者疯狂模仿。《风口》就是一个典型的例子。

2014 年 11 月 23 日，《风口》在众筹平台发起出版众筹，截至 2014 年 12 月 31 日，40 天的时间里，众筹一万元以上的人数就已经达到了 315 人，其中包括国家顶尖的企业家、投资大鳄、PE（私筭股权投资）教父、知名媒体人等。而众筹一万元以下的人数也达到了 484 人，将近 80 人筹集的资金数额超过了 400 万元人民币，无论在移动端众筹金额，还是参与人数，或是众筹单品数量方面都刷新了历史纪录，堪称图书出版领域的一大奇迹。

出版众筹带着自己特有的优势对出版行业的冲击力越来越强，所扮演的角色也越来越鲜明，实现了颠覆传统文化金融领域的创新，未来出版众筹必将成为引领出版行业的一种潮流。

文化创意产业因众筹而异彩纷呈

近几年，互联网金融强势进入了我们的生活。“P2P 网贷”成为2013 年的新起之秀，“股权众筹”成为 2014 年金融界的新宠，而 2015 年则是文化创意产业众筹商业模式异彩纷呈之年。

2015 年 1 月 10 日，《何以笙箫默》在各大电视频道首播，尤其是在江苏卫视成为 2015 年上半年收视冠军，即便是网络播放量也实现了连续 7 天单日破 3 亿的好成绩，其最高播放量单日突破了 3.5 亿。其实，《何以笙箫默》实际上在播出前就在淘宝众筹平台发起了融资活动，即名为“何以笙箫默，陪你愿意将就”的项目。

2015 年 7 月，国产动画片《大圣归来》正式上映，截至 8 月 4 日底，票房已经超过了 8 个亿，该票房刷新了《功夫熊猫》当时 6.17 亿中国市场票房纪录，被誉为中国最卖座的动画电影。然而，《大圣归来》实际上也是通过众筹出品的，是由 89 位朋友圈众筹出品人出品的。

所谓文化创意产业，是指在经济全球化背景下诞生的以创造力为核心的新兴产业。通常，像广播影视、动漫、音像、传媒、视觉艺术、表演艺术、工艺与设计、雕塑、环境艺术、广告装潢、服装设计、软件和计算机服务等创意群体都属于文化创意产业的范畴。

创意经济能够创造出更大的经济价值，能给企业产品升级、品牌塑造、持续发展带来全新的提升，也能给社会带来更大的财富。目前，全球创意产业每天能够创造超过 220 亿美元的产品价值，并且正在以 5% 的速度递增发展。而美国、英国等发达国家的创意产业递增速度已经超过了 10%。

文化创意产业的众筹商业模式实际上是一些社会人士创作的个性化原创或者创新产品与消费者的兴趣、爱好相投，并由创作者发起众筹，消费者广泛加入的一种众筹模式。目前，文化创意行业的众筹模式是实现创作者和作品爱好者相连接，并且是解决创意产品融资问题的有效模式。众筹的商业模式在文化创意产业领域发挥得淋漓尽致，使文化产业的产品生产发生了颠覆性变革。

文化创意产业与众筹的对接，为文化产业的发展带来了全新的渠道，也为其发展提供了更大的空间。因此，众筹模式作为一种全新的融资方式，是传统金融行业融资方式的补充，对于文化创意产业的发展具有极大的促进和帮助作用。

那么，众筹对文化创意产业的发展具有什么样的影响呢？

首先，众筹推动文化创意产业迅速发展。国外文化创意产业与众筹相结合的例子早于我国。早期美国著名的众筹网站 Kickstarter，到目前为止，与其合作的动漫项目已经超过了 500 个。我国的文化创意产业与众筹联合才处于起步阶段，由于传统银行等投资机构对于动漫创意的投资还是保持谨慎的态度，而众筹平台恰好是推动文化创意能够实现的最佳平台，动漫借助于众筹平台解决了融资难的问题，对于企业自身的发展和市场的拓展都有极大的帮助。因此，众筹在文化创意产业迅速发展的过程中起到巨大的推动作用。

其次，众筹平台提升了文化创意产品的品牌宣传力度。好的创意产品少不了大肆的品牌宣传。众筹平台不但能够实现文化创意产品的资金筹集，还从另一个侧面将文化创意产品推向了大众关注聚焦点，使得创意产品的曝光率不断提升，从而为产品造势，起到了预热的效果。实际上，影视众筹的宣传价值远远大于筹款本身。

目前，很多影视剧都是通过翻拍来借助以前经典电影、电视剧的观众喜爱的基础，重新提高收视率的。利用众筹实际上不但是为了筹集资金，而且也是一种进行市场调查的方式。通过大力宣传，了解用户意向，判断电影上市后的市场反响情况。

再次，众筹模式为文化创意的创作者提供更大的发展空间。众筹模式简单来说即是“我为人人、人人为我”，创作者为大众提供优秀、创新的素材以供观赏，而大众则为创作者提供资金，实现创作者的梦想。将创作者和大众投资者连接起来的桥梁就是众筹平台。众筹是为文化创意者实现创作产品的平台，众筹平台可以围绕创意产品提供更加深层次的产品服务以及资源整合，助其实现线上线下的创意营销。因此，众筹模式为文化创作者的发展提供了十分广阔的发展空间。

最后，众筹模式的互动机制帮助参与者更加容易地了解文化产品，为产品的后续营销做铺垫。通过众筹项目的发起，使更多的参与者近距离地、深入地了解文化产品，从而对产品产生更加浓厚的兴趣，只有这样，参与者才会出资投资该项目，从而推进了后期产品的营销进程。

文化创意产业与众筹商业模式的融合，体现了网络时代众筹的巨大能量。我们相信，二者的结合必将为文化创意领域带来翻天覆地的变化。

众筹经典案例：《中国好声音》收视飙红，苏宁易购为冠军众筹百万黄金战衣

2015 年 7 月 24 日，《中国好声音》又一次创下了收视冠军的奇迹，以全国同时段所有电视节目收视率最高的成绩蝉联收视冠军。苏宁易购作为本期的“中国好搭档”先声夺人，在第四季开播当天就高调宣布要为冠军学员打造价值百万黄金战衣的众筹项目。

为此，苏宁易购作为“中国好搭档”，将在《中国好声音》“粉丝力量”的独家互动平台内打造互动专区。本次为《中国好声音》冠军筹集百万黄金战衣的众筹项目筹集资金定为 100 万元人民币，黄金战衣包括好声音的冠军职业独家定制的选手造型服装，该粉丝可以从众筹项目中获得多项特权，包括粉丝团定制服装、粉丝定制手牌、好声音定制耳机、明星四强学员定制音频等多项福利。此外，粉丝们还有机会获取明星冠军学员见面会入场券、好声音总决赛入场券。

此次众筹资金共分为六个档，有 10 元、100 元、299 元、499 元、1399 元、1999 元。粉丝们可以根据自身条件出资，通过登录苏宁易购众筹页面就可以参与投资。2015 年 7 月 24 日，冠军百万战衣众筹项目正式上线，众多粉丝踊跃加入，投资队伍空前壮大。

粉丝们可以通过官方排行榜，利用微信、微博、论坛的方式进行互

动，并对自己喜欢的、心目中的冠军进行投票。此外，只要有粉丝在活动专区发起讨论、参与讨论或者留言，写下自己最想见的明星、最希望实现的愿望，只要支持愿望的人足够多，那么愿望实现的可能性就越大。比如想让吴莫愁为你深情地演唱一首你喜欢听的歌，或者是让平安与你共度一天的美好时光，这些统统有机会成为现实。

苏宁易购发起的这项众筹项目不仅为冠军打造百万黄金战衣筹集了资金，还通过与粉丝的深度互动的方式，实现了苏宁易购的娱乐营销，也为广大粉丝带来了颇具意义的活动和福利。

事实上，本次众筹项目的最大赢家是苏宁易购。该项活动对于苏宁来说，可谓一举多得：一方面通过众筹筹得百万黄金战衣的资金，不但可以为其自身主推的服饰百货频道做宣传，也为其众筹频道强势发声。这样做不仅推广了苏宁的产品，也强化了苏宁全品类经营的形象。凸显其作为好声音独家服装提供平台，能够借助百万粉丝的力量为冠军“加冕”，从而让它获得了属于自己的荣耀。另一方面，通过发起该项众筹项目，可以让广大粉丝通过电视、手机、PC（电脑）端等多个屏幕更加了解苏宁，爱上苏宁，从而实现了从流量到销量的快速转化。

粉丝其实是一批特殊的用户群体，能够获得粉丝的关注，其实就意味着能够吸引粉丝的兴趣和发掘潜在购买行为，而一旦粉丝取消关注，则意味着其需求发生了转移或者转化。粉丝经济在营销策略中是关键。如今，粉丝们的眼光逐渐开始变得挑剔、需求逐渐变得多样化与随机化，面对这样的局面，众多企业都在整合、重组企业营销结构，重新架构自己的创新营销方式，让粉丝真正发自内心地关注，通过与粉丝产生感情共鸣，来提升企业形象和品牌影响力，这对于推动企业快速发展大有裨益。

而苏宁之所以利用众筹模式筹集百万黄金战衣，是因为它看好了粉丝的力量是强大的。不但通过利用好声音学员粉丝的力量来完成平台筹集资金的诉求，还实现了自己价值营销的目的，实在是高明之举。

第三章

P2P 网贷，互联网借贷平台的颠覆性创新

本章重点导读

☆ P2P 网贷形式将会长期存在于互联网金融领域，要想 P2P 网贷能够健康、有序地发展并不断壮大，还需要国家制定的《关于促进互联网金融健康发展的指导意见》进行全面引导与规范。相信，P2P 网贷的春天不久就会到来。

☆ P2P 网贷平台鱼龙混杂，投资者需要掌握五大甄选优秀平台要领，从而在投资时避免不必要的损失。

☆散户投资者在进行 P2P 投资的时候，切勿随波逐流、跟风盲投，要多了解 P2P 投资相关知识，形成自己独有的方法与思维，从而能够在投资理财领域游刃有余。

☆投资者要想实现 P2P 网贷理财收益最大化，还得多方面观察、多方面比较、多方面学习，只有这样，才能在 P2P 网贷平台信息不断更新变化的互联网金融时代收获更多财富。

☆投资者在进行投资之前，就要提高自我安全意识，深入了解投资项目的真实性，要多样投资，谨慎投资，也要理性投资，还要合理把握投资期限，从而将 P2P 网贷的投资风险降到最低。

☆ P2P 网贷转向细分领域发展，向供应链金融领域挺进，不仅拓展了互联网金融服务创新的深度和广度，也是顺应国家政策和发展目标的全新发展趋向，其市场前景不可估量。

P2P网贷行业现状及存在问题解析

在我国，根据借款主体的不同，可以分为以下几种类型：P2P（个人对个人）、P2B（个人对企业）、P2N（个人对多个机构）、P2G（个人对政府项目）。

P2P网贷即Peer to Peer Lending，是指个人投资者避开传统金融中介，通过第三方平台直接向其他个人借款，从而赚取利息的行为。简单来说，即是甲从乙那里借一笔钱，在一段时间之后将这笔借款以及利息还给乙。

P2P网贷即是P2P网络贷款的简称，最早起源于英国，其后发展延伸到美国、德国等国家。2007年，P2P网贷传入我国，拍拍贷成为我国第一家P2P网贷平台。如今，我国的P2P网贷已经由以前的线下逐渐向线上转变，这为网贷的蓬勃发展提供了重要的支撑。

目前，我国P2P网贷平台呈现井喷式的发展态势，众多P2P网贷平台横空出世，呈现一片异彩纷呈的局面。

2012至2014年，我国P2P网贷迅猛发展，成交量一直攀升，从2012年的212亿元人民币增长到了2014年的252亿元人民币，年均增长率高达269%；贷款余额也从2012年的56亿元人民币增长到了2014

年的1036亿元人民币，年均增长率达到了333%。

据统计，截至2015年3月，我国P2P网贷整体贷款余额已经超过了1518.03亿元人民币，与2014年年底相比增长了47%。2015年3月平均成交量达到了395亿元人民币，累计成交额达到了1185.56亿元人民币，该数据与2014年第一季度相比，增长了226%。

随着我国P2P网贷行业的发展，我国P2P网贷呈现以下问题：

1. 我国P2P目前看似繁荣，实则是正在步入寒冬期。表面上看，我国的P2P金融没有设多高的门槛，对民间投资公司来讲，可以广纳公众资金，且成本远远低于线下公司。因此，P2P网贷不失为一种很好的选择。为此，众多企业和个人纷纷加入其中，以希获取更多的资金，这种看似繁花似锦的局面，其实是大规模传统民间借贷市场的搬家。

目前，P2P网贷一方面市场收益率下降、有效信贷需求不足；另一方面大量杂牌军涌入，推动了资金成本上升，使得P2P网贷的利差空间缩小，社会地位和品牌价值严重受到影响。这种情况下，靠行业自律和金融监管部门规范已经不能全面、妥善地管理。2015年7月18日颁布的《关于促进互联网金融健康发展的指导意见》将重新对杂乱的P2P网贷市场进行规范，以图改变现状。

2. 现有的经济状况下，中小微企业的信贷危机进一步扩大，P2P网贷平台正面临着异常巨大的压力。一方面不良贷款率急剧上升，另一方面兑付行为很难实现。历来，小微企业都不是被业界看好的蓝海之地，即便是国家出台政策扶持小微企业，也由于其底子薄的特点，很难迅速发展壮大。对于金融行业的小微企业来说，亦是如此。其经济走向式微，短期内根本无法改变现状。

3. 银行及国资企业 P2P 网贷的加入，使行业产生了颠覆性变革。银行业金融机构以及国资企业做 P2P 网贷，其实是不合理的。虽然银行、国资企业的 P2P 网贷与传统 P2P 网贷的信贷产品、贷款模式与传统网贷无异，但是由于其资金成本高，使得存款利率也相对提高，超出了金融监管部门的管理范围。金融机构的 P2P 网贷虽然是一次创新尝试，但是在行业政策变数不断的情况下，银行及国资企业的 P2P 网贷已然存在很大的风险。

4. 小微企业的 P2P 网贷平台想在短期内放大规模的愿景难以实现。越是弱小的平台，越是在强大的市场竞争中难以生存。即便是 P2P 网贷的门槛极低，但是小微企业想建立一个安全、可持续发展的 P2P 网贷平台，并实现高效运作，还需要投入大量资金，否则难以实现。传统银行通过资产抵押、互保联保、与融资担保公司合作等方式，使得一段时间内小微企业的信贷规模有所放宽放大，从而促进了银行的中小微企业风控措施的迅速建立。

5. 以消费类个体工商户为主要用户的 P2P 网贷平台，由于其较高的资金、运营成本等因素，使其难以形成规模，并难以实现营利。P2P 网贷平台做小额消费以及小额贷款，同样存在资金成本压力。通常的 P2P 网贷平台缺乏完善的客户清算系统、资金结算通道以及账户监管能力，加之又非常缺乏脱离银行做独立的微贷基本条件，使得仅仅依靠大量的低成本劳动勉强去做，最后换来的后果只能是以系统性崩溃而告终。

6. 前期相关部门未出台相应的监管决策，使得目前虽监管政策出台，但是不能迅速解决长期积累的行业障碍。由于民间投资平台的不断增加以及 P2P 网贷自身的发展趋向异化，使得普通的、简单的、具有局限性的行业监管已经无法管理现有的 P2P 网贷形态。《关于促进互联网金融健康发展的指导意见》的出台，弥补了以前监管不彻底的空白，使得 P2P 网贷向着正规化发展，但是由于长期积累的各种行业障碍，不是可以一扫而尽的，因此全面快速进入 P2P 网贷新局面还需要一段时间。相信，P2P 网贷的春天不久就会到来。

甄选优质 P2P 平台五步法

随着《关于促进互联网金融健康发展的指导意见》的出台，国家对 P2P 网贷平台的监管方向和监管思路日益明朗化，监管力度也日益加强，因此，我国的 P2P 网贷发展要全面开始进入第二个春天。

《关于促进互联网金融健康发展的指导意见》中指出："网络借贷包括个体网络借贷（即 P2P 网络借贷）和网络小额贷款。个体网络借贷是指个体和个体之间通过互联网平台实现的直接借贷。在个体网络借贷平台上发生的直接借贷行为属于民间借贷范畴，受合同法、民法通则等法律法规以及最高人民法院相关司法解释规范。个体网络借贷要坚持平台功能，为投资方和融资方提供信息交互、撮合、资信评估等中介服务。个体网络借贷机构要明确信息中介性质，主要为借贷双方的直接借贷提供信息服务，不得提供增信服务，不得非法集资。网络小额贷款是指互联网企业通过其控制的小额贷款公司，利用互联网向客户提供的小额贷款。网络小额贷款应遵守现有小额贷款公司监管规定，发挥网络贷款优势，努力降低客户融资成本。网络借贷业务由银监会负责监管。"

《关于促进互联网金融健康发展的指导意见》对于我国 P2P 网贷提

出了明确的范畴划分并体现了其强劲的监管力度，这无论对金融巨头还是互联网巨头，以及银行系、国资系等发展 P2P 网贷，都具有很大的规范作用。

2012 年，我国 P2P 网贷平台发展进入了全面爆发时期，网贷平台如雨后春笋般迅速出现，其规模已经达到了 400 多家。国内线上线下放贷的网贷平台全年交易量已突破百亿元人民币。

2013 年，P2P 网贷平台发展更为迅猛，以平均每天上线 1—2 家的速度增长，累计平台总数为 800 多家。

2014 年，我国 P2P 网贷平台规模超过 2000 亿元人民币，平台数量已经超过 1000 家。但是问题网贷平台数量却达到了 273 家。

2015 年 7 月底，我国 P2P 网贷行业累计平台数量达到了 3031 家，正常运营平台数量为 2136 家，问题平台数量累计达到了 895 家。

2016 年 3 月，P2P 网贷行业实现了 1364.03 亿元的整体成交量，累计问题平台达到 1523 家，P2P 网贷行业累计平台数量达到 3984 家（含问题平台）。

在 P2P 网络平台鱼龙混杂的大环境下，对于投资者而言，选择哪家平台进行投资无异于“雾里看花”。如何甄选优质平台成为投资者进行投资的关键。事实上，只要能够拿捏好以下五点，那么投资者在其投资道路上将会达到事半功倍的功效。

1. 看平台背景。如今，P2P 网贷平台群雄争锋，各平台都虎视眈眈地垂涎着他人的领地，《关于促进互联网金融健康发展的指导意见》的出台，必将使一些体系不完善、公司背景不够强大的 P2P 网贷平台被淘汰出局。届时，整个行业环境也必将由“群雄混战”的局面转变为“诸侯割据”的格局。因此，投资者在投资之前，一定要事先了解平台的背景是否足够强大。根据背景类型来分，P2P 网贷平台有银行系 P2P 网贷平台、国资系 P2P 网贷平台、上市公司系 P2P 网贷平台、获得风投系 P2P 网贷平台。这些都是有较强实力背景的 P2P 网贷平台。

一般，较为稳健型的投资者喜欢选择国资系 P2P 网贷平台。因为这类平台往往与银行、融资性担保公司等有着密切的关系，像江苏的开鑫贷、陕西的金开贷等都是有国资背景的平台。像 91 金融超市、金银猫等都是有银行背景的综合性理财业务平台。

2. 看知名度与诚信度。诚信对于企业发展来说是至关重要的。没有诚信的企业将寸步难行，P2P 网贷平台更是如此。P2P 网贷平台的不断涌现，也出现了很多问题，如网金宝跑路、提现困难等问题，因此，信誉度对于企业的发展尤为重要。P2P 网贷要想持续发展，就必须树立好行业口碑以及诚信形象，只有这样才能留住客户。投资者在选择 P2P 网贷平台的时候，要密切关注其诚信细节，包括每月的利息是否能够按时发放、项目到期本金是否能够按时归还等。

3. 看平台实力与资本。投资者要看平台的注册资金、注册规模、员工数量、融资性担保公司的合作数量、投资者人数、成立时间等。通常情况下，成立时间较早、融资规模较大的企业往往是较有实力的企业，具有较强的风险承担能力和风险识别能力。

4. 看风险控制能力。风险控制是整个 P2P 网贷进行融资过程中的重中之重。投资者在投资前要了解 P2P 网贷平台的背景与融资性担保公司的背景，从而获知其风险控制能力。由于平台进行融资需要有独立的风控团队，如果该公司将风险单纯地外包给担保公司，则证明该公司的风险控制能力较差。

5. 看项目是否具有透明度。投资者在选择平台的时候，要看其项目历史业绩、借款人财务数据、平台风险控制措施等是否公开、完善。对于那些拒绝展示基本资料、平台经营状况，甚至拒绝相关考察部门上门考察的企业，即便是给投资者提供再高的利息，投资者在投资的时候也要慎重考虑。

相信，掌握了以上五个要点，投资者就可以选到优秀的 P2P 网贷平台进行投资，从而避免不必要的损失。

散户如何进行 P2P 投资

平常，作为个人的散户，在有闲置资金的时候，就会寻找一些能够钱生钱的方法。很多人进行投资理财会选择银行储蓄，这样虽然安全、可靠，但是利率太低。然而，商品期货与黄金市场又不够景气，那么选什么样的理财方式进行投资呢？

近年来蓬勃发展的 P2P 投资理财因独有的优势深受广大散户的青睐。P2P 不需要散户进行专业的技术分析，也不需要投资者占用上班时间时刻关注，也不会受场地限制，只要能够有眼光选择安全可靠的投资平台，既可以通过电脑也可以通过手机进行投资，投资简单易操作，可以稳赚 10% 以上的年化收益率。

纵观近几年的 P2P 投资风险，人们不难发现，跑路诈骗是主要问题。因此，散户们在考虑如何投资赚钱的同时，更重要的是要保证本金的安全，应当把本金的安全放在第一位。以免最后没有赚到钱，连本金也没有收回。所以，投资 P2P 一定要选择正规平台，即便是收益率较低，也是比较可靠的。因为正规的 P2P 平台拥有较强的风控体系、较低风险的投资产品、强有力的本息保障制度，对于那些更加看重安全性，但是又不愿意放弃较高收益的散户投资人来说，正规 P2P 不失为一种很好的选择。

近期，在网贷之家《对话网贷人》栏目上，介绍了上海知名 P2P 网贷投资人许姐。在多家 P2P 平台倒闭，诸多投资人受到重创、严重亏损的时候，许姐却依然屹立不倒。许姐投资了 30 多个平台，因此被众多投资人传奇般地称作理财投资界的“定海神针”。正因为如此，越来越多的投资人将许姐的投资方式、方法作为投资指南。那么许姐在投资的时候是如何具体操作的呢？许姐在发现有新平台出现的时候，由于自身是小散户，受到时间、经济、精力的限制，没有充足的时间去全面考察新平台的各项指标，于是就会采取精选的方式，将新出现的平台进行筛选，发现不靠谱的就果断舍弃，发现靠谱的就适当投资。因此，许姐在投资方面的一举一动成了众多散户投资人的风向标，许姐也充当了投资界的“意见领袖”。

那么，散户该如何进行 P2P 投资呢？

1. 选择优秀平台进行投资。如何选择优秀平台进行投资的方法，在前文中已经一一介绍，散户可以参照前文的五步法甄选适合投资的 P2P 平台。

2. 采取分散投资的方式。目前，P2P 平台众多，散户在进行 P2P 投资的时候，切勿把单一的平台作为投资对象。截至 2015 年 7 月底，全国共有 3031 家 P2P 平台，其背景、资产、业务、规模等存在较大的差异。散户投资人在选择平台进行投资的时候，一定要根据自身情况，包括资产状况、理财需求等做出详细的理财规划，需要将自己闲置的资金分别投在多个平台上，这样可以避免集中投资所带来的巨大风险和资金损失。

3. 摒弃不正确的心态。网贷有风险，投资需谨慎。散户投资人在投资之前，就应当充分了解 P2P 网贷投资存在的风险性，随时要有投资失败的准备，只有建立强有力的抗打击能力，才能在屡战屡败中寻找到真正适合自己的投资方式。

4. 切勿盲目跟风。有的时候，散户会追随大户进行跟风式的投资，所谓“大树底下好乘凉”。但是，要知道“风向标”也会有失灵的时候，不会永远都是“常胜将军”。此外，有些 P2P 网贷平台，在平台发生预警时，往往会为了稳住军心，而采取利诱的方式来挽留大户。因此也常常会存在大户即便发现问题，但是为了获取自身利益而忽悠散户投资者的情况出现。因此，散户投资者在选择跟随风向标进行投资的时候，大户的选择只能作参考，自身要充分看清形势，该减仓的时候要适时减仓，以免造成不必要的损失。

散户投资者在进行 P2P 投资的时候，要全面遵循以上几点，切勿随波逐流、跟风盲投，要多了解 P2P 投资相关知识，形成自己独有的方法与思维，从而能够在投资理财领域游刃有余。

实现 P2P 理财收益最大化的秘密

互联网金融之风不断蔓延。2014 年，我国理财市场冷暖交替，楼市降温，股市火热；2015 年，理财产品越来越多，尤其是 P2P 网贷平台迅速崛起，呈现百家争鸣的繁荣景象。

2016 年，我国十大 P2P 网贷平台：

1. 积木盒子：上市时间 2013 年，是一家国内领先的科技金融公司，定位于为中产阶层提供金融服务。

2. 宜人贷：上市时间 2012 年，国内线下第一大 P2P 公司宜信的子公司。

3. 鼠贷金融：上市时间 2014 年，以供应链金融产品为主要业务，创建产融结合互联网下的投融资金链，秉承普惠金融、不断创新的原则，帮助中小企业解决融资，向全国中小企业提供一个透明、简手续、低风险的综合性互联网投资平台。

4. 拍拍贷：上市时间 2007 年，成立时间最早、知名度最高的 P2P 平台。

5. 小企业 e 家：上市时间 2013 年，招商银行推出的互联网金融服务平台。

6. 人人贷：上市时间 2010 年，中国 AAA 级互联网理财平台，入选互联网企业百强。

7. 青蚨在线：上市时间 2014 年，中国互联网金融协会会员，互联网信用 AA 级企业。

8. 合拍在线：上市时间 2012 年，国内最大的民营担保机构。

9. 微金所：上市时间 2013 年，中国最安全的互联网金融资产交易平台之一。

10. 开鑫贷：上市时间 2012 年，首创民间借贷居间服务网站。

【注：投资有风险，网贷需谨慎】

自 2015 年 5 月 28 日以来，我国股市一路下跌，众多股民经营失利，有的甚至血本无归，炒股失利的投资者纷纷把目光转向了 P2P 理财行业。P2P 网贷成为惠民的理财模式，成为普通百姓心里的“明星”理财方式。对于投资人来讲，如何能实现 P2P 理财收益最大化是其迫切想知道的答案。

第一，保证本金安全。本金安全是 P2P 理财的基础，而 P2P 平台安全是确保本金安全的前提。判断平台安全的方面主要有以下几点：

1. 客服综合服务质量。通常情况下，平台为了开发投资者以及增加投资金额，都会给客服指定考核指标。而仅仅是为了追求暂时的利益，而不是用投资理财理念服务投资者的平台，大多是没有前途的平台。因此，如果客服在投资者投资前的服务质量不高，那么后续的服务质量将会更差。优秀的投资平台会把投资者奉为上帝，会站在投资者角度为投资者设身处地着想，相反，那些质量差的平台将是没有竞争实力的平台，最终必将被淘汰出局。

2. 是否线上与线下同步进行。那些线下有强大资产支撑的平台一般是安全系数较高的平台。一般，投资公司的生命周期只有一年时间，如果能将投资公司连续运转三年，那么这个平台必将是在风险管控、管理制度等方面比较成熟、相对优秀的平台。而那些将业务线下外包的平台，必将提高自身的风险系数。只有线上线下同步进行的平台，其整体风险才相对较小。

3. 平台实际控制人的能力。明智的平台实际控制人能够与投资者实时互动或交流，能够广纳投资者意见或建议，这样的平台也必将是以用户体验为主，也是相对安全的平台。只有不断吸取各种意见与建议、不断改进和完善自身的平台才是有发展前途的平台。

4. 是否有自主研发的交易系统。自主研发的交易系统比外包交易系统拥有更强的抵抗黑客的能力，具有安全性、可靠性。此外，其 IT 团队内设于公司，面对紧急情况可以进行快速响应。

第二，选择能够使投资收益最大化的平台。选择使投资收益最大化平台的方法有如下几点：

1. 选择投资起点相对低的平台。通常网贷平台的投资金额有 50 元、100 元两个起点，最低的以 1 元为起点。

先来算一笔账。假如投资金额为 10000 元，其利息为每月 1.5%，那么，每月可获得的利息为 150 元。假如投资金额仅仅为 100 元的整数倍，则用于投资的金额只有 100 元，其余的 50 元可以作为闲置资金，如果投资起点定位 50 元，那么 150 元就可以全部用来再投资。

由此可见，投资起点低，资金的使用率高，因此综合收益也高。但是如果发现投资起点太低的平台，投资者在投资前要谨慎考虑，因为这样可以通过较低的投资起点来吸引大量的客户，以弥补其缺少优质投资者的缺陷。因此这样的平台可能会暗设陷阱，存在较大风险。

2. 选择每天可返息的平台。目前，我国实现天天返利息的平台比较少。投资者选择这样的平台，可以通过天天返息提高资金使用率，从而获得较高的收益。

3. 投资金额配比适中的平台。当前，P2P 网贷平台主要的理财产品为房贷、车贷、信贷三大项。目前，车辆变现速度比较快，同时又有车辆实物作最后的风险保障，因此车贷与其他两项产品相比，具有相对安全的特点。通常，将投资资金比例分为车贷 70%、房贷 20%、信贷 10%。

4. 投资时间配比适中。当前，P2P 网贷平台存在资金站岗和分散投资的原则，因此将 1—3 月的标占比例控制在 50%，3—6 月的标占比例控制在 30%，6 月以上的标占比例控制在 20%。

总之，货比三家，投资者要想实现 P2P 网贷理财收益最大化，还得多方面观察、比较和学习，只有这样，才能在 P2P 网贷平台信息不断更新变化的互联网金融时代收获更多财富。

如何降低 P2P 的投资风险

近几年，P2P 行业迅猛发展，各种 P2P 理财也涌入了大众视野，但是目前 P2P 网贷投资鱼龙混杂、良莠不齐，倒闭、跑路问题纷至沓来，因此各种投资风险也让很多投资人在选择 P2P 投资的过程中犹豫不决。

全球著名的投资商人、被誉为“不倒股神”的巴菲特曾经说过：“投资的三条格言是：保住本金、保住本金、保住本金。”这样的格言貌似有点滑稽，但却真正地道出了投资最为关键的一点就是“保住本金”。如果能够有效控制投资风险，那么本金也就自然保住了。

自 2015 年以来，P2P 理财行业问题频发，让诸多投资者受损严重，这样使得那些投资者对于 P2P 的信任度一落千丈。由于政府将互联网金融作为一项重要的金融项目给予扶持，所以 P2P 理财作为互联网金融的重要一部分，政府也全面出台更多的监管细则来保障投资者的安全风险系数，使其降到最低。自 2016 年以来，政府加大对 P2P 的整治力度，使得 P2P 逐渐恢复以往的平静，投资者对于 P2P 理财行业的态度也逐渐有所转变。

根据网贷之家的相关数据显示，2016 年 4 月 P2P 理财的整体成交量达到了 1430.91 亿元，环比上升了 4.9%，这一数字是 2015 年同期成交量的 2.59 倍。另外，2015 年 P2P 理财业务相关的借款人和投资人数量不断下降，但是进入 2016 年 3 月，这种下降趋势有所缓和，并在同年 4 月，投资人数突破了 300 万，这意味着我国当前 P2P 理财正逐渐走上正轨，并处于升温态势。

无论是投资人还是借款人，对于他们来讲 P2P 网贷的安全性是最为重要的，尤其对于投资人来讲，这一点犹如割喉之痛，难以言表。那么究竟如何才能降低 P2P 网贷的投资风险呢？

1. 要多样投资。将资金分散投资到不同的 P2P 平台，因为不同的平台对于投资者的安全保障方式是不同的，因此在风险管控方面也是有所不同的。投资者可以将一部分资金放在较早成立的老牌 P2P 平台，因为老牌平台能经历这么多年的风风雨雨，依然屹立不倒，必定有其过人之处，在风险管控方面也必然是做得比较好的。但是，投资也不能全部投在同一家平台，情况总是瞬息万变的，投资同一家万一出现跑路情况必将给投资者带来惨重的损失。

2. 要投资，但也要谨慎投资。但凡想做大事的人都贵在坚持，投资 P2P 网贷也是如此。做投资只要坚持，必定会有所回报。目前，投资通常都是按年利率来计算的，坚持投资几年后将会获得非常可观的收益。但是不能单纯地、一味地注重利率的高低，要客观看待，往往事情都具有两面性，要警惕平台高利率的诈骗行为发生。

3. 要理性投资。靠投资赚钱与靠劳动赚钱来比，的确是件投机取巧的事情。有了这种想法，很多人就开始不工作，不出卖自己的劳动力换取劳动果实，而是一味地将全身心投入投资理财上，做起了专职投资。但是，在做专职投资的时候，不要忽略风险时刻存在于投资的每一个过程中。一旦风险大增，投资必然会出现波动，甚至走向失败，届时将是血本无归。因此，做投资理财，一定要把其当作业余爱好来做，把平常闲置的资金拿出来做投资理财，既不耽误自己的正常资金周转，也能挣得额外小财，即便是投资失败，也不至于“大伤元气”，一切生活还依然可以照常进行。

4. 投资期限合理把握。投资者要根据自己的实际情况，选择合理的投资期限。通常情况下，长期标的收益比较高，短期标的流动性比较强。举个简单的例子。如果投资者有 1 万元闲置资金，那么可以拿出 6000 元投资长期标的，从而获得高额收益，剩下的 4000 元可以投资短期标的，以备急用。这样就达到了既能获得高额收益，又可以备急需的目的。

5. 提升安全意识。投资者在进行投资前，多方面考察、了解各个 P2P 网贷平台，要选择安全保障比较高的平台作为自己的投资对象。此外，还要尽量选择采取第三方资金托管模式的网贷平台进行投资，从而保证投资者对个人的资金有绝对的控制权。风险可控的 P2P 一般收益率不会超过 24%。此外，还要经常关注相关方面的知识及行业趋势，强化自己在投资理财方面的认知能力，从而不断提高自我风险识别能力。

2014 年 6 月，深圳 P2P 网贷平台科讯网在其仅仅上线 4 个月左右的时间里就出现了跑路问题。该平台导致受害者人数达到了上千人，且金额庞大，达到了 5000 万元人民币。究其跑路具体情况，投资者发现科讯网在运营过程中存在诸多造假情况，如以团队的方式进行造假；执行董事的高学历也属于造假虚设；团队成员的集体照也是从其他网站“借用”的；宣传资料纯属子虚乌有，在其上线一个月的时候就有相关投资人发现并曝光该网站的合作项目纯属诈骗，都是通过 PS 处理得来的；注册地址造假，相关部门查证，在所谓的注册地根本不存在该公司。

但是，这些问题并没有得到投资者的高度警惕，不少投资者盲目投资，最终导致血本无归。科讯网的行为属于情节非常严重的诈骗行为，涉案资金较大，影响十分恶劣。被诈骗的受害者就是前车之鉴，给那些打算以后或正在进行投资的投资者敲响了警钟。

因此，投资者们在进行投资之前，就要提高自我安全意识，深入了解投资项目的真实性，要多样投资，谨慎投资，也要理性投资，还要合理把握投资期限，从而将 P2P 网贷的投资风险降到最低。

P2P网贷细分领域，向供应链金融挺进

随着国家《关于促进互联网金融健康发展的指导意见》的出台，互联网金融实现了规范化，走向了正规化，此时P2P网贷也开始告别鱼龙混杂的局面，开始向全新的发展模式转变，整个P2P呈现分化格局。

供应链是围绕企业对信息流、物流、资金流进行控制，产品从原材料加工到成品形成，最终到销售商手中，在整个环节中，供应商、制造商、分销商、零售商、用户共同组成了网链结构模式，对供应链上资金流的有效管理就是供应链金融。

随着众多上市公司逐渐涉足P2P领域，供应链金融的垂直细分领域逐渐成为企业投资的新热点。供应链金融市场规模逐步扩大，并且有明确的还款来源，加之P2P业务同质化日益严重，在这种发展格局下，供应链成为P2P行业最优质、最具潜质的业务之一。其风险管控能力有所提升，且市场规模也得到了拓展。

目前，以红岭创投为首的P2P网贷平台都开始向供应链金融领域发展。供应链金融的基础融资结构包括采购阶段预付账款融资模式、运营阶段的动产质押融资模式、销售阶段的应收账款融资模式。红岭创投广州纸业项目的融资实际上是运营阶段的动产质押融资模式。以货物质押融资来弥补资金流缺口。

红岭创投成立于2009年，是一家老牌P2P网贷平台，是顺应全球电子商务发展趋势，充分挖掘互联网市场，将诚信、高效、安全、互惠互助作为指导方针的条件下建立起来的网络贷款平台。

红领创投自成立至今，致力于打造快捷、便利的渠道，为创业者、投资者、网站等多方面营建了一个良好的网贷平台，因此也为自身的发展形成了多赢的局面。

近几年，红领创投的成交量一直都是呈上升趋势，累计成交额增幅更是异常凸显。尤其是从2014年到2015年第二季度，增幅更为明显。截至2015年第二季度，红领创投的累计成交额已经突破500亿元人民币，在同行业中处于领先地位。

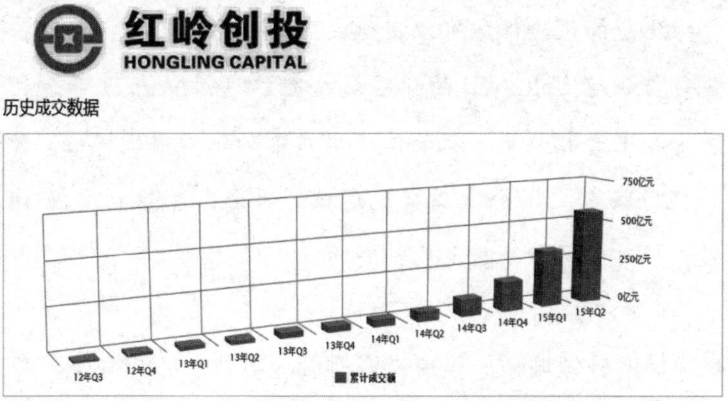

尽管所创业绩不菲，但红领创投还是不断创新，全面开发自己的潜能，力图开辟新天地。目前，红岭创投已经开始将其P2P网贷转向了细分领域，开始向供应链领域挺进。

以红岭创投为首的P2P平台向供应链金融领域挺进的平台还有爱投

资、电网贷、五粮液旗下的万赢金融、熊猫烟花旗下的银湖网、珠宝产业圈的珠宝贷，以及2015年上线的绿化贷。其中，爱投资将其发展方向放在了供应链金融业务和抵押担保借贷业务上；电网贷则是只做有关有电网行业和上市企业供应链金融业务；银湖网则是借助于熊猫烟花供应链做相关产业的融资业务；绿化贷则是主打有政府信用介入的环保细分领域市政园林绿化的供应链。

绿化贷是目前国内唯一一个专注于绿化项目的供应链金融P2P网贷平台。绿化贷的项目供应商来自市政园林工程，项目周期通常为1–6个月，年化利率为14%–18%。借款企业的市政工程应收账款是其第一还款来源，借款企业的稳定收入是其第二还款来源，荣达小额贷款公司等承担无限连带责任担保是其第三还款来源。有了以上三个还款来源的三重保障，绿化贷的风险保障可以实现最大限度的落实。

绿化贷专注于绿化项目的供应链金融，通过第三方资金托管的方式，使资金和平台相隔离，从而使得用户不必担心提现风险。此外，绿化贷操作规范安全，不会造成提现危机。再者，年化利率在14%–18%的范围内，相对于同行来讲是比较高的。

P2P网贷细分领域，向供应链金融领域挺进，不仅拓展了互联网金融服务创新的深度和广度，也是顺应国家政策和发展目标的全新发展趋势，其市场前景不可估量。

第四章

第三方支付，非金融领域的信誉保障

本章重点导读

☆一直以来，银行在支付体系中都是一家独大，但是随着互联网金融的不断深入，互联网第三方支付机构异军突起，打破了这种“独霸”的格局，成为支付大军中的又一成员，并且在网络支付领域不断攻城略地。

☆随着信息技术的不断发展，第三方平台的出现为互联网金融注入了新鲜的血液。近年来，第三方支付平台迅速崛起，成为互联网金融领域的明星，第三方支付在不断发展的过程中也形成了自己独有的商业运营模式。

☆在互联网金融领域，传统银行和第三方支付机构为了争夺更多的用户流量，争相向各个领域发起竞争，由此也使得第三方支付的布局开始向多元化迈进。

☆互联网金融潮流已席卷全国，线上线下各种支付通道如雨后春笋般出现，为O2O的发展起到了巨大的推动作用。与此同时，移动支付时代也悄然来临，并且引领着支付新风尚。

☆爱钱帮与徽商银行的强强联手，给第三方支付带来了巨大的、全新的挑战，第三方支付也受到全新的考验。

☆微信支付作为第三方支付的后起之秀，它的出现给第三方支付领域的用户流量带来了一定的分流作用，并逐步扩大自己的市场份额，已经成为线上线下的一种主流支付方式，使得微信支付在互联网金融领域成了一颗耀眼的明星。

☆自从微信推出支付功能以来，微信支付与支付宝之间的斗争就从来没有停止过。

☆2015年12月28日，央行正式下发了《非银行支付机构网络支付业务管理办法》，对非银行支付机构账户分类与监管及法律责任等进行了明确规范，并宣布于2016年7月1日起正式实施，这是我国金融领域逐步融入国际监管潮流的一项重要举措。对于站在风口浪尖上的第三方支付来说，其未来将会何去何从?

第三方支付平台异军突起

一直以来，银行在支付体系中都是一家独大，但是随着互联网金融的不断深入，互联网第三方支付机构异军突起，打破了这种“独霸”的格局，成为支付大军中的又一成员，并且在网络支付领域不断攻城略地。

第三方支付实际上是那些有一定经济实力以及一定的企业影响力的第三方企业与各大银行强强联合，为商家和消费者提供的更加便利的支付服务。消费者可以将不同银行的多张银行卡与第三方支付平台绑定，这样在与商家完成交易进行支付的时候，可以有多种选择，为消费者提供了极大的便利支付体验，使越来越多的人都喜欢使用这种简单易操作的支付方式。这样也从另一个方面促进了电子商务的发展。

目前，第三方支付队伍异常庞大，诸多第三方支付平台不断崛起，如支付宝、财付通、盛付通、首信易、微信支付、国付宝、网银在线、汇付天下、PayPal（贝宝）等。截至 2015 年 3 月 30 日，获得中国人民银行发放牌照的第三方支付平台累计数量已经达到了 270 家。诸多平台在第三方支付十大品牌影响力排行榜中榜上有名。

2015 年，第三方支付平台排行榜：

1. 银联商务：成立于2002年，是由中国银联控股的、国内最大的专门从事银行卡受理市场建设和提供综合支付服务的机构，也是国内非金融支付行业综合支付的领导者。

2. 支付宝：建成于2004年，致力于为用户提供“简单、安全、快捷”的支付方案。支付宝是国内领先的第三方支付平台，也是国内最大的、主流的第三方支付平台。在互联网金融领域中深受广大用户的信赖。

3. 财付通：成立于2005年，是隶属于腾讯旗下的第三方支付平台，把为互联网用户提供安全、便捷、专业的在线支付服务作为服务的宗旨。财付通是领先的在线支付服务供应商，也是第三方支付的知名品牌。

4. 银联在线：2011年开始正式上线，是中国银联旗下的互联网业务综合商务门户网站。作为国内第三方支付的领先者，银联在线专注于为用户提供“安全、便捷、高效”的互联网支付服务。

5. 快钱：始于2005年，是我国国内领先的信息化金融服务机构，是国内基于E-mail和手机号码的大型综合支付平台。

6. 汇付天下：成立于2006年，是国内首家获得证监会批准开展网上基金销售支付结算业务的综合性支付服务平台。

7. 易宝支付：创建于 2003 年，首家“支付 + 金融 + 营销”的电子支付和互联网金融平台，是中国行业支付的开创者。

8. 通联支付：建成于 2008 年，是由中国万象控股、上海国际集团、用友软件、上海国和基金等机构共同打造的一家综合性支付服务企业。

9. 环迅支付：成立于 2000 年，是成立最早的、获得首批《支付业务许可证》的第三方支付企业，是国内银行卡受理能力最强的电子支付平台之一。

10. 拉卡拉：创建于 2005 年，借助于互联网技术，为用户提供便捷的金融服务与电子商务服务，是中国领先的社区电子商务公司。

第三方支付平台是在信用缺乏、银行系统功能缺乏的背景下诞生的，实际上第三方支付的出现是为电子商务中的买卖双方资金的支付与收回上了一把安全锁。第一，使付款人很大程度上避免了支付风险，保证了付款人的财产安全。第二，卖家在发货后能够保证其收到货款。第三，使得传统买卖双方的关系发生了变化，双方的利益纠纷通过第三方进行公平公正的解决。

2016 年 4 月 14 日，中国人民银行办公厅正式下发了《非银行支付机构风险专项整治工作实施方案》，全面促进支付市场健康发展，提升支付行业服务质量和服务效率，切实防范支付风险，有效保障了消费者的支付安全。

以淘宝的支付宝为例。当时，电子商务刚刚兴起的时候，由于淘宝卖家担心自己的产品发货之后，买家拒绝付款，资金不能有效收回，而买家担心自己支付货款后卖家不会发货而导致资金损失，支付问题因此成为当时电子商务发展的瓶颈。阿里巴巴的马云高瞻远瞩，从中看到了巨大的商机，顺势创建了支付宝，成为深受广大用户信赖的第三方支付平台。目前，诸多电子商务的财务往来都是通过支付宝来完成的。

2016年4月8日，互联网金融与支付创新大会在北京召开，第三方支付中的移动支付的创新再一次成为人们关注的焦点话题，像跨境合作、场景布局、安全技术等问题成为移动支付创新的全新方向和发力点，以此来推动第三方支付的进一步蓬勃发展。

三大移动支付巨头支付宝、微信支付、翼支付在跨境合作、场景布局、技术创新方面向着更加细分的领域迈进，并取得了更多创新性成果，推动了移动支付又向前迈了一大步。2015年，支付宝旗下的蚂蚁金服先后与兴业银行、华夏银行等达成合作，共同努力打开金融领域市场；2016年2月，蚂蚁金服与中国优步在全球移动出行支付领域共同合作，从而开通了支付宝跨境支付功能。微信支付在这个阶段也并没有放慢脚步，而是向境外商家开放了跨境支付能力，由此带来的是使得微信支付能够支持英镑、港币、美元、日元、欧元等9个币种的支付交易；与此同时，还与中国石化合作，用户在给车加油的时候可以直接使用微信支付功能。2015年，甜橙金融也从传统的金融领域向全新移动支付领域转型，分别与中国石油、海尔金融新希望乳业多方合作，实现了翼支付的POS终端受理业务。

因此，第三方支付异军突起，使整个互联网金融不断壮大。第三方支付的出现不但保证了买卖双方的利益不受损失，还为电子商务行业的巨大发展开拓了广阔的发展空间，是企业不断创新的体现，也是社会经济发展的必然产物。

第三方支付平台的现状及运营模式

随着信息技术的不断发展，第三方平台的出现为互联网金融注入了新鲜的血液。近年来，第三方支付平台迅速崛起，成为互联网金融领域的明星，而第三方支付在不断发展的过程中也形成了自己独有的商业运营模式。

一、第三方支付平台现状

如今，第三方支付在互联网金融领域具有巨大的市场潜力，但各个平台都具有服务种类繁多的特点，因此，在第三方支付平台中不可能出现一枝独秀的情况。第三方支付的交易场景一般限制在虚拟市场中，没有时空的限制，可以实现随时随地支付，其服务的提供者是后台支付系统，因此不易于形成个性化服务，这样各个第三方支付平台呈现一种“百花齐放、百家争鸣”的景象。只有那些有足够实力，能够精准定位、具有高度创新意识的平台才能够走出平凡，成为整个第三方支付领域的佼佼者。

随着时代的变迁，2015 年，“服务”成为年度商业的最佳关注点。因此，第三方支付也顺应时代潮流，将服务做到极致。目前，第三方支付已经将其行业化服务向更深层次延伸，服务的范围也将面向细分市场。第三方支付商纷纷摒弃以往的价格竞争，专注于自身产品的差异化、专业化特征，从而使第三方支付向良性循环方向发展。那些最早具有前瞻性目光的平台，事先向细分市场进军，形成了自己独有的竞争优势，因此也抢占了市场先机。

与此同时，各大第三方平台开始将自己的业务周边化，不断开发增值服务，其目的是为了通过增值服务来增加用户流量，并且最大限度地留住客户。目前许多第三方支付平台已经与借贷等理财平台合作，从而加速自身发展。并且还增添了线下终端 POS 机支付业务，向终端特约商户提供 POS 申请、审批、自动结账、自动对账、资金归集、多账户管理等诸多综合性服务。

通常情况下，P2P 网贷平台的托管方式有两种，一种通过银行进行资金托管，另一种是与第三方支付平台合作进行资金托管。但是，目前，诸多 P2P 网贷平台的资金托管并不是与传统银行金融机构合作进行的，更多的是通过第三方支付平台实现资金托管。实现银行托管的平台 P2P 网贷平台并不多，诸如人人贷、宜信、你我贷等，而其他实现资金第三方托管的平台大多数是与第三方支付平台合作的。

二、第三方支付平台的运营模式

目前，从发展经济状况较好的第三方支付平台来看，其主要运营模式有以下两种：

1. 独立第三方支付模式。该模式下的第三方支付平台完全独立于电子商务网站，对电子商务的买卖双方都不具有担保的义务，只为用户提供产品买卖的支付。此类第三方支付平台有快钱、易宝支付、拉卡拉等。

以易宝支付为例。易宝支付成立于2003年，属于老牌第三方支付平台，起初以网关模式起家并立足，针对行业做垂直支付。后来在传统行业信息化发展的背景下逐渐转型，先后为数字娱乐、航空旅游、行政教育、基金、担保等诸多领域提供量身定制的行业解决方案。

此类模式的第三方支付平台将多种银行卡支付的方式集中到一个界面上来，起到了电子商务与银行进行交易的连接器作用，主要从事交易结算与银行的对接任务。买家通过第三方支付平台将款项支付给卖家，而卖家则通过第三方支付平台兼容银行支付的方式收取回款。

2. 信用中介模式。该模式下的第三方支付平台主要以支付宝、财付通为首，即通过借助自身的B2C、C2C电子商务网站提供具有担保性能的第三方支付模式。具体是第三方支付平台对买家支付的款项进行托管，通知卖家，买家已经支付货款、尽快发货。待买家收到货物之后，再确认收货，此时，第三方支付才将款项转入卖家账户。这种模式的实质就是第三方支付在卖家和买家之间充当信用中介，在买家尚未收到商品之前，暂时替卖家保管货款。

当前，互联网金融的浪潮愈发猛烈，《非银行支付机构网络支付业务管理办法》也对第三方支付的部分功能进行了限制，同时扩大了银行的权限。因此众多互联网第三方支付机构要想在互联网金融领域的夹缝中求生存，就迫切需要寻求新的业绩增长点以及特色渠道资源，以此形成自己独有的竞争力，成为互联网金融领域中竞争的筹码。

第三方支付布局向多元化迈进

在互联网金融领域，传统银行和第三方支付为了争夺更多的用户流量，纷纷向各个领域发起竞争，由此也使得第三方支付的布局开始向多元化迈进。

只要有交易发生，就必然会有支付行为的存在。随着人类信用体制的不断完善，以及经济交易手段的不断健全，传统的实体店购买，一手交钱一手交货的付款方式已经逐渐淡化。取而代之的是线上购买线上支付，实现了便捷交易。这些线上支付的方式就是第三方支付方式。

目前，诸多第三方支付机构已经开始向多元化方向迈进，有的机构已经成立了数据公司，有的成立了金融公司，有的建成了电商公司，因此，第三方支付平台开始从原来单纯的支付业务平台向综合金融服务供应商转变。此外，移动支付也已经成为第三方支付的主要方式。

一、移动支付

正是因为第三方支付如此便捷、快速，因而受到了广大群众的青睐，由此第三方支付方式日渐渗入人们生活的方方面面。随着智能掌上设备的不断推陈出新，随时随地购买与支付成了诸多网购用户的最爱，这也是移动支付的特点。

移动支付成了网购主力——年轻网购消费者的主要支付方式，也为第三方支付带来了巨大的业务创新机遇和市场需求。这也是第三方支付向多元化发展的方向之一。

目前，移动支付已经在我国得到了广泛的使用，用户可以通过支付宝钱包、微信支付等十分便捷地享受一系列城市服务。服务内容包括网购支付、手机充值、生活缴费、公交查询、车辆违章查询、景点门票、机票、火车票、汽车票、爱心捐赠、教育缴费等诸多项目。其中，生活缴费的内容包括水、电、煤、网、取暖、有线电视、物业等，几乎涵盖了生活中所有的缴费项目。此外，用户还可以在各大商场、便利店等进行移动扫码支付。

据相关数据显示，2014 年，我国移动支付业务为 45.24 亿笔，金额为 22.59 万亿元人民币，比 2014 年全部非现金支付结算的笔数和金额同比增长了 145.14%、121.25%。

二、行业拓展

第三方支付不仅局限于线上线下的移动支付，还将其触角延伸到了金融领域，并且发展金融业务。

我国银行的创新能力比较弱，也正是因此为互联网金融发挥自我能力与优势提供了很好的空间。互联网金融以其巨大的成本优势、随时随地实现金融交易等特点而在金融领域一枝独秀。

据《2014 年支付体系运行总体情况》显示，2014 年，我国网上支付业务达到了 285.74 亿笔，累计金额达到了 1376.02 万亿元人民币，较 2013 年同比分别增长了 20.70 个百分点、29.72 个百分点。网上支付业务持续增长，其增长速度达到了20%—30%。这一组数据表明，传统金融的结算方式已经逐渐被互联网金融所取代，互联网金融开始在金融领域喧宾夺主了。

然而，在互联网金融领域，第三方支付根据自身业务特点进行不同领域的外延，进而寻找差异化发展道路。第三方支付成为金融界的强有力的"搅局者"，搅动了整个金融领域的发展。

以拉卡拉为例。线下最大的第三方支付公司之一拉卡拉，在其原有支付业务基础上向移动收单业务服务拓展。拉卡拉面向小微商户推出了基于互联网思维的全新移动收单产品——手机收款宝。手机收款宝是在原有POS机的基础上进行外观、价格等方面的全面改良。并且还对传统POS机的有限连接传输方式进行了改革，取而代之的是蓝牙信号与手机相连接。此外，还在原有的POS机的基础上增添了还款、转账、缴费等诸多增值业务，以及实现了对金融IC卡支付功能的兼容。拥有如此强大和前卫功能的手机收款宝，使得其备受广大用户的青睐，在其上市后一个月的时间内，其销量就达到了50万台。

三、布局O2O

O2O是时下最为火热的话题之一，众多企业都想通过O2O模式在互联网行业中寻求无限的商机。第三方支付也不例外，也向O2O靠拢，并开始逐步布局O2O。

支付宝是国内领先的第三方支付，也在创新方面处于领跑者地位。支付宝与国际购物退税服务商环球蓝联就支付宝的海外退税服务达成合作共识。该服务内容如下：我国消费者在国外进行消费，可以用支付宝办理退税，其退税金最短到账的时间仅为10天，办理退税业务的用户可以通过支付宝进行实时查账。目前已经被划入服务范围内的国家有韩国、英国、德国、法国、意大利等。这种退税业务的开展，将为支付宝的诸多出国的线下消费者提供极大的便利。

此外，快钱公司也已经向O2O进军。快钱公司是目前国内首批在海关正式获许备案的试点支付企业。由于之前跨境进出口电商的跨境小包无法实现正规报关申报，而快钱则通过其海关总署跨境电商通关服务平台将该问题解决，帮助进出口电商进行申报以及购结汇。因此，国家将诸如快钱这样的互联网跨境交易合并统计至国际收支，因而实现了对原有的统计口径进行补充。这样，跨境电商和传统进出口贸易同样可以享受相关退税补贴福利。

第三方支付向多元化方向发展，从根本上极大地拓展了自身的发展空间，为其在今后的互联网金融领域，乃至整个金融领域大展宏图打下了坚实的基础。

移动支付引领支付新风尚

如今，互联网金融潮流已席卷全国，线上线下各种支付通道如雨后春笋般出现，如微信支付、支付宝、财付通、百付宝等诸多第三方支付平台为O2O的发展起到了巨大的推动作用。与此同时，移动支付时代也悄然来临，并且引领支付新风尚。

随着移动互联网的不断发展，智能移动手机已经成为人们生活中必不可少的部分，由此也使得支付更加趋于便捷化，带来了移动支付的出现。

小军向来是个很重友情、说一不二的人。周末，小军正好外出游玩，朋友打来电话托他在网上帮其购买一台心仪已久的电脑。小军虽然在外游玩，但是还是一口答应朋友马上帮其办好。这时候，小军外出游玩，身旁又没有电脑，无法在电脑上购买。于是小军掏出了手机，在网上找到了那款电脑，并且当即提交订单，之后通过支付宝轻松一点，就交付了购买资金。当即系统显示“卖家正在核实信息，等待发货”。小军把买到电脑的消息告诉了朋友，朋友十分惊奇地赞道：“哥们办事效率就是高！”也对小军的大力帮助表示感谢。

通过移动支付的方式，不但不受时间、地点的限制，还可以非常轻松地买到想要的东西，省去了排队等候付款的时间，还省去了在实体店购买后人力提货的环节，可谓是一举多得。

当前，越来越多的传统商家都发现了移动支付的优势，纷纷开通了移动支付业务，让消费者轻松购买商品的同时，也感受到了便捷支付的乐趣。而作为消费者来说，这种省时省事、无须进行现金交易的快捷支付方式也颇受消费者青睐。

不仅仅是线上实现了移动支付，线下也有诸多商家支持移动扫码支付。只要轻松点击支付宝的“扫码”功能，商家扫描一下条形码，只用不到三秒钟就可以完成整个支付过程，实现快捷支付。

自2015年召开“两会”以来，全国积极响应“互联网＋”和“互联网金融”的发展战略，实现了线上线下的融合，其融合率增长了80%，从而拉动了国家服务性消费的增长速度。

餐饮业如海底捞，便利店如喜士多，商场、校园、打车、挂号就医、水电煤等诸多线下经销商都逐步上线了移动支付业务。消费者前去消费，无须拿出钱包，也免去了现金的多退少补，直接通过移动支付完成。

江苏南京也开始全面进入移动支付阶段，全市500多家便利店都配备了移动支付专用的扫码枪，手机轻松扫一扫二维码，就迅速完成快捷支付，中间省去了用于刷卡和找零的时间。

在这个互联网金融快速发展的年代，任何没有时效性的方式和方法都将必然会被代替甚至被淘汰。移动支付的方式已经开始逐渐覆盖人们生活的方方面面，移动支付也因此成了人们进行支付的首选方式。

2015 年上半年，支付宝的活跃用户数量为 4 亿人之多，其中移动端用户数量占了 80%。目前，支付宝每天的支付次数突破了 1.2 亿次，其中移动支付的次数已经超过了 50%。

我国目前正处于互联网金融的发展期，各方面条件还不是很成熟，因此，全面进入移动支付时代还需要一定的时间。在国外的一些发达国家中，移动支付早已成为人们实现便捷支付的主流。相信，在未来，我国移动支付也必将能够引领支付新风尚，成为未来的支付潮流。

爱钱帮联手徽商银行：第三方支付面临新挑战

《关于促进互联网金融健康发展的指导意见》（以下简称《指导意见》）对第三方支付行业的 P2P 资金托管业务带来了巨大的冲击，使得众多的 P2P 公司开始转型，快速实现和银行的资金存管合作，从而在互联网金融行业掀起了一股银行存管浪潮。

《指导意见》中指出："客户资金第三方存管制度。除另有规定外，企业机构应当选择符合条件的银行金融机构作为资金存管机构，对客户资金进行管理和监督，实现客户资金与从业机构自身资金分账管理。客户资金存管账户应接受独立审计并向客户公开审计结果。人民银行会同金融监管部门按照职责分工实施监管，并指定相关监管细则。"

以前，P2P 的资金是由第三方进行托管的，然而该《指导意见》将 P2P 的资金重新进行定调，一方面资金要放在银行，改变以前集中托管于第三方支付机构的方式；另一方面银行作为存管机构，而不是以前的第三方支付的托管。

2015 年 7 月 28 日，爱钱帮正式与徽商银行联手，这是《指导意见》出台后，第一次将"银行资金存管"提到实际应用中的案例。爱钱帮与徽商银行此次联手，首创"银行资金存管＋余额理财"的新模式，并且爱钱帮正式接入徽商银行旗下的直销银行"徽常有财"，双方全面达成战略合作意向。

爱钱帮与徽商银行合作，为用户的资金运作带来了很多便利，双方合作具有很多优势：

首先，爱钱帮与徽商银行联手，实现了前所未有的业内升级：

1. 资金安全性升级。为用户全面提供银行等级的安全资金保障。

2. 资金利用率升级。爱钱帮用户在徽商银行的帮助下，实现了余额理财收益，改变了以往站岗资金闲置、浪费的局面，将这些资金利用起来直接投资货币基金，从而很大程度上提升了资金的利用率。

爱钱帮接入徽商银行旗下的“徽常有财”中的聚宝盆业务，使得爱钱帮用户将电子账户中的余额直接投资于国寿安保聚宝盆货币市场基金，该项业务是国寿安保基金管理有限公司专门为徽商银行直销银行用户所做的具有个性化定制特性的互联网理财产品，从而更为有效地提升了用户站岗资金的利用率。

3. 用户体验升级。爱钱帮与徽商银行联手，使用户的投资效率较之前提升了 60%，并且用户体验变得更加人性化、便捷化。

4. 账户功能升级。爱钱帮与徽商银行联手，使其支付、消费等功能得到了更好的业务拓展。

其次，爱钱帮对接“徽常有财”P2P 支付结算服务系统，还可以从根本上实现投资端到融资端全流程、点对点的资金支付托管服务，用户在爱钱帮上进行的交易都将转接至徽商银行页面进行，从而快速完成绑卡、充值、投资、提现等资金操作。

爱钱帮与徽商银行的合作及时响应《指导意见》的规定，又是因为双方合作较以往的与第三方支付合作具有诸多优势。此前，爱钱帮与第三方支付公司汇付天下的合作，虽然汇付天下已经开发好了模式，但是其给用户的资金托管所带来的体验感较差，使得用户的最终转化率较低，因此其产品创新空间受到了很大的限制。但是，这次爱钱帮与徽商银行的合作中，爱钱帮深度参与了徽商银行存管模式的构建，从而使得无论是产品创新还是服务创新，都有很大的延伸空间。

爱钱帮平台自 2014 年 4 月上线以来，至 2015 年 7 月，在近一年半的时间里，其累计成交额就已经接近 7 亿元人民币，其用户数量接近 20 万，因此爱钱帮还会与第三方支付机构汇付天下继续合作。但是爱钱帮与徽商银行的强强联手，给第三方支付带来了巨大的、全新的挑战，第三方支付也将受到全新的考验。如何提升资金托管体验、如何提升用户转化率、如何拓展产品创新领域、如何提升安全性能，这些都是第三方支付所亟待解决的问题。只有各方面都得到了全面的改善和提升，才能加速其前进的步伐，才能使其在互联网金融领域更有作为。

微信支付：第三方支付的后起之秀

自 2011 年腾讯推出微信应用程序以来，微信的各种功能相继出现，如语音短信、视频、图片、文字，随后推出了小视频、摇一摇、漂流瓶、朋友圈、公众平台等。2014 年 3 月 19 日，微信支付功能正式对外开放。自此，作为第三方支付的后起之秀，微信支付便在互联网金融领域成了一颗耀眼的明星。

随着微信在人们生活中的广泛应用，截至 2015 年第一季度，我国微信用户已经覆盖了 90% 以上的智能手机，月活跃用户数量达到了 5.49 亿，用户覆盖区域十分广泛，达 200 多个国家和地区，并且使用的语言超过了 20 种。与此同时，各种名品的微信公众号也超过了 800 万个，移动应用对接数量突破了 85000 个。此时，微信支付也借着庞大微信用户之势极速扩增其用户量，突破了 4 个亿。

微信支付通过与银行卡相互绑定，可以实现快捷支付，向用户提供更加安全、快捷、高效的支付服务。目前，微信支付已经在原有的业务上进行了更深层次的拓展，已经实现了刷卡支付、扫码支付、公众号支付、APP 支付等功能。此外，还增加了企业红包、代金券、满立减等全新营销工具，从而极大地满足了普通用户以及商户的不同支付需求。

由此可以看出，虽然微信支付起步晚，但是不少服务性功能与支付宝的近乎相同。因此，微信支付的出现，对于元老级别的支付宝来说是一个巨大的挑战。

2004 年，支付宝从淘宝中独立出来，正式成为第三方支付平台。如今已经有还款、转账、快捷支付、专卡支付、找人代付、留学交费、担保交易、淘宝理财、透支消费等诸多产品服务。2015 年上半年，支付宝的实名用户数量超过了 3 亿，其第三方移动支付交易份额占总份额比例最大，为 71.2%。

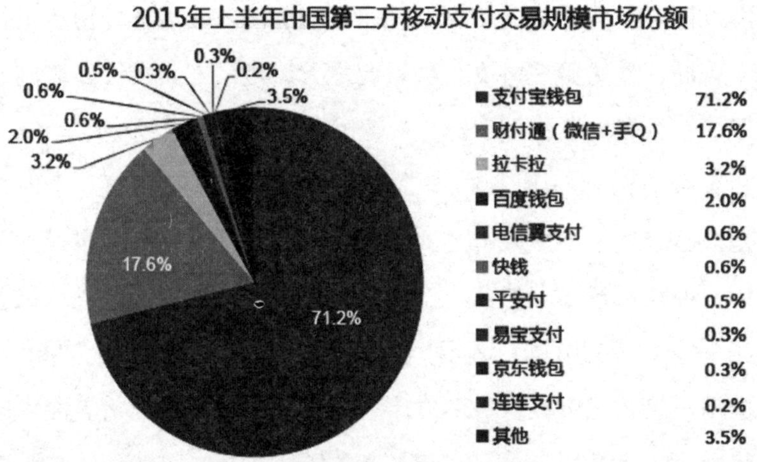

数据说明：此处只统计了第三方支付企业，不包含银行和银联

数据来源：比达（BDR）数据中心

微信支付的出现对第三方支付进行分流，会激活更多买家的购买欲望，从而增加客户的交易量，进而夯实自己在第三方支付市场的地位。微信支付具有以下几方面的优势：

1. 微信支付的出现对于第三方支付的线上交易和线上支付的规模都

有所扩大，从而带来第三方支付的狂欢盛事。微信支付作为一匹黑马，拥有庞大的微信用户群体，可以十分容易地转化为微信支付用户，因此，微信支付成为发展第三方支付的重要参与者，使客户在玩手机微信的时候就实现了掌上支付，由此给用户带来便捷的支付感，使得越来越多的用户发自内心地喜欢上了微信支付，这对于微信支付本身来说，实际上就是一种巨大的价值增值。

2. 微信支付如果能够避开银联，而是直接与国内拥有 90% 市场份额的前十家银行进行合作，充分利用其庞大的数据优势，与银行进行对接，这样就会大幅减少银联的市场份额，最终使得支付费率的降低变成可能。这样做对于卖家来讲，无疑是件非常受益的事情。卖家成本降低后，卖家的消费热情必将提升，线上销售成为卖家最好的选择，因为线上销售省去了诸多成本费用，如店铺租赁费、各种税费等，这对于卖家而言的确是非常欢喜的事情。

3. 通常，第三方支付大多是在 PC 端完成的，微信支付的出现填补了第三方支付在移动端的空白，真正实现了智能支付。

4. 微信支付借助微信的优势，拥有庞大的用户，可以通过朋友分享、朋友推荐的方式增加用户的购物量、购物频率。

5. 微信支付已经开始寻找合作伙伴，在强强联手的情况下，微信支付变得更加强大。

2015 年 8 月，微信支付拟与盒子支付共同达成合作意向，双方将携手推出“盒子狂欢日——微信支付日”活动，该活动的目的就是通过超低的微信首款费率来回馈广大小微商户，并且商户还有机会获得微信支付手续费的减免特权。该活动的推出，对于深入根植于小商户领域多年的盒子支付来讲，与微信支付的合作可以完善主流支付方式的整体解决方案，不但能给自己原有的商户带来更多的实惠，也为自己布局 O2O 打下了良好的基础。而对于微信支付而言，盒子支付多年来的打拼积攒了数十万线下商户，这些强有力的线下商户资源对于微信支付提高其线下商户的渗透率具有极大的推动作用，为微信支付拓宽其线下市场提供了广阔的空间。

除此以外，微信支付不但与滴滴打车合作，还于 2015 年与美团、饿了么等网站相继合作，扩大其市场份额。我国第二大商务平台美团网，2015 年上半年移动支付交易额超过了 450 亿元人民币。为了进一步扩大其移动端交易量，2015 年 8 月，美团与微信支付强强合作。至此，美团网成为微信支付的第二大入口，仅次于滴滴打车。

微信支付作为第三方支付的后起之秀，它的出现给第三方支付领域的用户流量带来了一定的分流作用。随着微信支付市场份额的逐渐扩大，必将给第三方支付领域的发展带来深远的影响。

第三方支付终端争夺战：腾讯与阿里巴巴的巅峰对决

自从微信推出支付功能以来，微信支付与支付宝之间的竞争就从来没有停止过。时至今日，腾讯与阿里巴巴之间的第三方支付终端争夺战已经进入了巅峰对决时刻。

起初，腾讯本来是做社交的，而阿里巴巴则是专攻电商领域的，二者并没有明显交集。随着二者逐步的发展，阿里巴巴推出了支付业务，即支付宝；腾讯则先从 QQ 做起，不断壮大了自己的用户，之后又在庞大的用户基础上发展微信，随后推出了微信支付。截至 2015 年 6 月，微信注册用户数量已经接近 9 亿。要知道，有了众多用户，就相当于有了流量，有了入口，微信支付也便有了与阿里巴巴抗衡的资本。

2015 年春节期间，微信联合各类商家推出春节“摇红包”活动，送出金额超过 5 亿的现金红包，单个最大红包为 4999 元，另外还有超过 30 亿的卡券。用户只要在微信上绑定银行卡，就可以参与摇红包、发红包、抢红包，腾讯的这一招将微信支付营销做到了每一个微信用户的心里。在摇红包、抢红包和发红包的热烈氛围中，众多用户纷纷绑定银行卡，解决了微信支付获取用户的问题。

阿里巴巴面对腾讯发起的挑战也不甘示弱。2015 年 2 月 11 日到 2

月 19 日（即腊月二十三到大年初一）期间，阿里巴巴联合知名商户共同向支付宝用户发放 6 亿元红包，其中 1.56 亿元为现金红包，用户购物抵消的红包金额为 4.3 亿元。

由此看来，腾讯和阿里巴巴都十分钟情于移动支付这块大蛋糕，都想从中分得一杯羹。而 2015 年年初的红包大战已经是腾讯和阿里巴巴的第三次较量了。虽然，每次较量都扩大了双方的第三方支付的用户群和市场规模，但是实际上也加强了两者的竞争力。

从表面上看，腾讯的微信支付和阿里巴巴的支付宝都属于一种支付工具，但是其服务功能分别隶属于腾讯和阿里巴巴的内部生态。因此，不得不说，微信支付和支付宝并不仅仅是支付层面上的竞争，实质上是腾讯和阿里巴巴内部生态的一种竞争。

对于腾讯而言，能否具有良好的交易场景，关键在于能否成功地将原有的社交功能转化到购物、游戏等其他领域。腾讯拥有近 9 亿的用户，这对其拓展交易场景来说是一个很好的契机。而腾讯要想在支付上大做文章、大有成就，就必须基于这个庞大的交易场景。

除了派送红包以外，为了扩大自己的交易场景，腾讯也是下了不少功夫，推出了微信 POS 机，这也表明腾讯想从阿里巴巴支付领域抢占支付通道的雄心。微信支付推出的 POS 机是面向线下微信支付业务的，然而，微信 POS 机支付业务的拓展，对于阿里巴巴的支付宝来说，犹如晴天霹雳。

微信 POS 机支付主要服务的对象是本地的生活服务商家，具体内容及操作步骤如下：

1. 微信 POS 机支付系统由服务员端硬件 + 微信支付组成。

2. 商家通过服务员端输入金额后，自动生成二维码。

3. 消费者使用微信扫码后，进入支付页面，然后输入支付密码就可以完成支付。

微信 POS 机支付功能的推出，是其与阿里巴巴的又一次对决。腾讯此次推出微信 POS 机支付业务，其主要目的还是增加客源。通过微信 POS 机支付业务，可以逐渐让用户对微信 POS 机支付的方式形成一种习惯。因为通常人们一旦对某些事情形成了一种习惯，就很难逆袭。

腾讯利用微信 POS 机还有一个目的，那就是通过线下商场 POS 机的交易相关数据，轻松地挖掘其巨大的潜在商业价值。在用户的首肯下，腾讯可以对这些数据进行深度挖掘和全面分析，从而延伸出全新的服务和价值。

俗话说："谁能笑到最后谁就笑得最美。"毫无疑问，在腾讯与阿里巴巴的巅峰对决中，谁能笑到最后谁就是最后的赢家。决定双方能否笑到最后的因素包括以下几点：

1. 绑定银行卡数量是关键。据统计，目前微信支付所绑定的银行卡数量远远少于老牌支付工具——支付宝。

2. 第三方支付的服务范围。对于支付宝来说，这些功能都早已上线。微信支付目前也推出了生活缴费功能，以及手机充值、滴滴打车、美丽说、京东精选、电影票、机票火车票、吃喝玩乐、AA 收款、Q 币充值、腾讯公益等功能。

3. 第三方支付频率高低。支付频率受到服务范围、服务对象数量等多种因素的影响。第三方支付交易频率越高，则代表盈利越高。

4. 第三方支付的平均交易金额。交易金额的多少也是很关键的一点。

众多第三方支付平台的兴起与较量，为互联网金融领域的第三方支付注入了全新的活力。然而腾讯与阿里巴巴之间的战争无论谁输谁赢，都给互联网金融领域带来了前所未有的发展机会，移动支付市场必将迎来更加辉煌的新局面。

风口浪尖上的第三方支付该何去何从

自第三方支付出现以来，银行与第三方支付之间暗战不断。对此，2015 年 12 月 28 日央行正式下发了《非银行支付机构网络支付业务管理办法》（以下简称《办法》），该《办法》对银行和第三方支付之间的相互竞争进行了规范。

《办法》的出现，犹如一把大刀一般，划分了银行和第三方支付的蛋糕。《征求意见稿》相关内容阐述："支付机构不得经营或者变相经营证券、保险、信贷、融资、理财、担保、信托、货币兑换、现金存取业务。"这就意味着：第三方支付自此只能做支付，其余业务均归银行。毫无疑问，这对于第三方支付来说是一个莫大的打击与压制。

《办法》的部分内容如下：

遵循网络支付应始终坚持服务电子商务发展和为社会提供小额、快捷、便民小微支付服务的宗旨，为最大限度地满足客户的实际支付需求，兼顾支付便捷性，人民银行对支付机构开展了全面调研。经统计分析，并结合未来一定时期内的发展需要，Ⅱ类、Ⅲ类个人支付账户年累计 10 万元、20 万元的限额能够满足绝大部分客户使用支付账户"余额"进行付款的需求。对极少数消费者，或者消费者偶发的大额支付，可以通过支付账户余额支付、银行卡快捷支付、银行网关支付等方式组合完成，因此并不会对消费者支付产生实质影响。考虑到Ⅰ类个人支付账户在开立过程中对客户身份验证的强度较弱，出现假名、匿名账户的风险较高，《办法》对Ⅰ类账户的“余额”付款交易规定了较低的限额。

同时，为引导支付机构提高交易验证方式的安全性，加强客户资金安全保护，《办法》规定，对于交易验证安全级别较高的支付账户“余额”付款交易，支付机构可以与客户自主约定单日累计限额；但对于安全级别不足的支付账户“余额”付款交易，《办法》规定了单日累计限额。《办法》规定的单日累计1000元、5000元的限额能够有效满足绝大部分客户使用支付账户“余额”进行付款的需求。此外，《办法》规定，综合评级较高且实名制落实较好的支付机构单日支付限额最高可提升到现有额度的2倍，以进一步满足客户需求。

需要强调的是，10万元、20万元的年累计限额，以及1000元、5000元的单日累计限额，都仅针对个人支付账户“余额”付款交易。客户通过支付机构进行银行网关支付、银行卡快捷支付，年累计限额、单日累计限额根据相关规定由支付机构、银行和客户自主约定，不受上述限额约束。

对以上的部分规定，可以举一个简单的例子来说明。如淘宝网上有一台智能家电，售价为5500元人民币，根据《办法》中的规定，小明如果购买该家电，其单日消费限额只有5000元，因此，该款项会优先从小明的支付宝账户扣除5000元，剩下的500元系统会自动从小明之前绑定的银行卡账户中扣除。

这种做法通过付款人提供两类本人信息交叉验证才能支付的方式，是对购买者的一种安全级别较高的账户安全保护方式，但是对于第三方支付来说，却是一种严苛的限制，而银行则在支付业务中成了受益者。由此一来，现在各大电子商务平台，包括淘宝在内的诸多电商平台上的理财产品收益就会严重缩水。

《办法》指出：

除单笔金额不超过200元的小额支付业务，公共事业缴费、税费缴纳、信用卡还款等收款人固定并且定期发生的支付业务，以及符合第三十七条规定的情形以外，支付机构不得代替银行进行交易验证。

以上内容的单笔金额限制，意味着第三方账户所设的200元金额限制以外的部分，可以通过网银来完成支付。而“除单笔金额不足200元的小额支付业务，以及公共事业费、税费缴纳等收款人固定并且定期发生的支付业务外”的部分都由银行进行验证。因此，今后只要是200元以上的消费，在消费店铺、消费金额、消费类型等所有信息不但是第三方支付机构所了解的，银行也有权得知。

银行所享权力范围的不断扩大，也从侧面表明，像支付宝这样的第三方支付，无论是推出类似于余额宝，还是获得央行牌照，都走不出国家监管范围的管控。

诚然，要想促进我国互联网金融快速健康发展，不断创新与风险管控二者是必不可少的。《办法》对非银行支付机构账户分类与监管及法律责任等进行了明确规范，并宣布于2016年7月1日正式实施。对于第三方支付来说，面对这样的监管举措，第三方在未来会因此而下架理财产品，一度进入低迷期，还是积极迎接新规，不断完善自身体制，迈向下一个全新的辉煌期？如今站在风口浪尖上的第三方支付，未来将会何去何从，我们将拭目以待。

第五章

大数据金融，引发金融界没有硝烟的战争

本章重点导读

☆互联网金融的发展离不开大数据的运用，通过大数据可以帮助互联网金融更好地为客户提供量身定制的服务，也有助于互联网金融进行风险把控。因此，大数据为互联网金融的发展起到了保驾护航的作用。

☆无论是大数据金融的哪种模式，都能很好地引导企业向大数据金融方向转型，都能为社会和企业带来广阔的发展前景。在不久的将来，大数据将在互联网金融领域有更大的作为。

☆大数据是信息革命中前沿的创新技术，传统银行要充分利用自身内部数据，同时也要大力挖掘企业外部数据，实现数据资源的合理配置与利用，从而加快高速转型，快速步入可持续发展阶段。

☆蚂蚁小贷是源于大数据的互联网金融，也正是大数据解决了蚂蚁小贷的风险问题。大数据为蚂蚁小贷带来了巨大的商机，带来了巨额价值，使得蚂蚁小贷在互联网金融领域大放异彩。

☆大数据大得其势，已经深入渗透到金融领域，也必将给金融业带来巨大的变革。金融业在插上大数据这双翅膀以后，必将实现行业的腾飞。依托大数据，金融游戏的精彩部分才刚刚开始。

☆传统银行应顺应时代的潮流，快速适应时代的发展趋势，用积极的心态去迎接并拥抱大数据，利用大数据的独有优势来打响这场无声无息的市场争夺战。

大数据下的互联网金融

近几年，大数据、互联网金融频频出现在人们的视线里，成为高热话题。互联网金融并不是简单的互联网与金融的叠加，而是由于互联网的出现，推动了商业模式、产品、服务、功能等在金融行业的出现，由此引发了传统金融行业向互联网行业转型。大数据是这次巨变中推动互联网金融发展的重要驱动力之一。

如今，全球正步入大数据时代，为后来者提供了更多的发展机会和空间。是否能够借助网络为广大用户提供网络服务，已经不是金融领域企业间竞争的焦点，只有获得和利用用户所产生的大量数据，并将其变得更有价值，才能占有当前金融领域强有力的竞争优势。但仅仅凭借某种服务所积累的数据并没有太大的价值，唯有将这些数据加以整合，才能使其在互联网金融领域发挥最大的功效。

全球著名的管理咨询公司麦肯锡发布的《大数据——下一个创新、竞争和生产力的前沿》十分深刻地指出："大数据之大，通常指的是数据量大到超过传统数据处理工具的处理能力，是相对和动态的概念。此外，大数据又被引申为解决问题的方法，即通过收集、分析海量数据获得有价值信息，并通过实验、算法和模型，从而发现规律，收集有价值的帮助，形成新的商业模式。"使用大数据金融的概念，制订并实施大数据金融战略，能够更好地体现金融业自身的实力和潜力，也更能够使其与网络中的其他行业进行有机融合，并在互联网金融领域中公平竞争，在这种情况下，企业能够找到自身发展的机会则更大。

金融业是大数据来源之一，金融领域中的交易数据、业绩报告、报价、官方统计数据、调查报告等，无一不是产生大数据的源头。但是，大数据对于互联网金融的发展也有巨大的推动作用。

首先，借助大数据可以精准定位目标客户。

互联网金融可以在大数据的帮助下寻找适合的目标客户，从而实现精准营销。由于互联网金融领域中有一项重要模式就是借贷，通过借贷可以实现高额收益，因此吸引了众多用户。但是，随着互联网金融的不断发展，众多借贷平台不断崛起，给借贷平台带来了巨大的压力。在不断的竞争中，有不少借贷企业走向倒闭。

在如此激烈的竞争中，在如此巨大的压力下，诸多互联网金融企业企图寻找一种能够提升企业快速发展的方式，努力发现一种能够增加用户流量并保证能够将其留住的方法。其中，充分利用大数据优势就是最好的选择。

大数据可以帮助企业解决甄别哪些客户是潜在购买者、如何挖掘潜在客户的购买兴趣、如何能找到潜在客户等问题。

大数据通过在互联网金融领域中挖掘众多客户的购买兴趣、购买行为、购买态度、地址、工作等相关数据，从而进行筛选分析，最终获得潜在客户的信息，帮助互联网金融企业定位自己的目标客户。因此，实际上，大数据在挖掘目标客户的同时，也是帮助互联网金融企业实现精准营销打下了良好的基础。互联网金融企业可以借助大数据建立用户模型，从而有针对性地提供个性化定制理财产品，实现了用户的完美体验，满足了用户的需求，从而也挽留了客户。

目前，移动互联网数据以及LBS（基于位置的服务）数据可以实现精准定位客户的爱好、兴趣、消费习惯和消费能力等，帮助互联网金融企业精准定位自己的客户，之后在目标客户浏览的媒体或者APP上投放广告。最后，再统计客户点击广告次数、停留时间、购买期望、客户转化率等信息。通过这种做法可以帮助互联网金融企业降低成本，但却办了大事。

其次，借助大数据可以提高风控能力。

互联网金融与大数据之间有一条非常重要的核心环节，那就是风险控制。互联网金融的发展，关键在于其风控能力的高低。风控能力也是决定互联网金融客流量大小的重要因素之一。

目前，互联网金融企业的风控模式有两种：一种是类似于阿里巴巴的风控模式，通过自身的用户交易数据等建立封闭式的信用评级和风控模型。另一种是诸多中小互联网金融企业将自己的交易数据贡献给中间征信机构，然后再通过中间征信机构提供的大量信息来实现共享。不论是哪种风控模型，其风控能力都是由大数据而来。从大数据中找到规律，预测风险，管控风险，提高风险控制能力。

目前，互联网金融企业和互联网巨头的小额贷款实际上就是通过大数据来实现风险评估和管理的。互联网金融企业可以通过收集客户的社交数据、交易数据、LBS信息等相关数据，来帮助包括银行、信用卡、保险公司等金融企业在内的风险评估维度。目前，我国的市场正处于起步阶段，市场份额不少于一亿元人民币。

互联网金融的蓬勃发展成为金融领域最受瞩目的潮流之一。但是，互联网金融的发展离不开大数据的运用，通过大数据可以帮助互联网金融更好地为客户提供量身定制的服务，也有助于互联网金融进行风险把控。因此，大数据为互联网金融的发展起到了保驾护航的作用。

大数据金融的模式

大数据时代已经悄然来临，企业所拥有的数据量也日益增大，与此同时，企业所获得的海量数据也对企业业务的发展具有巨大的指导作用。对于金融业来说，大数据同样具有相同的功效。

互联网金融时代的金融俨然已经成为大数据金融。大数据成为金融领域提高竞争力与实现创新的全新动力。因此，大数据金融目前也成为互联网企业巨头在激烈竞争中取胜的法宝。

那么大数据金融的模式有哪些呢？

一、平台模式

该模式是平台企业对其长期以来积累的大数据，通过互联网技术、云计算等信息化方式将其转化为能够向企业或个人提供的金融服务。

这种模式的优势在于能够充分利用其庞大数据流量系统作为发展基础，并且对其所提供金融服务的企业或个人情况非常了解，这样就变相地拥有了一个庞大的征信系统数据库，在很大程度上解决了互联网金融企业的风险控制问题，进而降低了企业的坏账率。此外，该平台借助于企业的交易系统，具有相对稳定和可持续发展的客户资源。

该模式有效地解决了信息不对称问题，在高效的信息系统之上，将贷款流程流水线化。关于这一点，蚂蚁小贷就是一个很好的例子。

蚂蚁小贷在判断贷款客户是否具有违约风险方面，有自己独特的解决方式。蚂蚁小贷制订了一整套适合于自身发展状况的评分模型，根据客户已有数据，如个人信息、征信信息、历史表现、交易信息、经营状况等在内，从而预测未来一段时间内，违约风险发生的概率有多大，并且区分出合格与不合格的客户，进而决定准入客户，细化客户授权，最终在贷款前就将风险控制并扼杀在摇篮里。正是如此，才使得蚂蚁小贷的坏账率低于银行。

二、供应链金融模式

该模式是指供应链管理的参与者作为重要的组织者，对供应链金融资源进行整合。

供应链金融的模式主要有以下几种：

1. 阿里京东模式：该模式的典型代表是阿里巴巴和京东。京东供应链金融模式是以电商或行业龙头企业为主导的模式。通过平台交易流水记录来判断风险以及信用额度，并依此发放贷款，不但赚取生态圈中各个供应商的金融利润，也是整个生态圈中的核心，维系生态圈健康发展。

2012 年 11 月 27 日，京东供应链金融服务正式上线。与此同时，京东与中国银行北京分行正式签署战略合作协议，双方将向京东合作的超过 1 万家供应商提供金融服务。至此，京东的供应链金融梦也逐步成为现实。京东也由此获得了来自中国银行、建设银行、工商银行、交通银行等 15 家金融机构的 100 亿元人民币的授信业务。

京东金融服务主要分为两部分，即 B2B 和 B2C。其中 B2B 部分主要是向供应商提供融资和投资服务。其融资服务内容包括：订单融资、入库融资、应收账款融资、委托贷款融资。投资服务内容包括：协同投资、信托计划、资产包转移计划等。京东则在供应商与银行间充当着授信的角色，但是在资金发放方面，京东不会做出任何干涉，而全部由银行来完成。另一部分B2C则主要是面向普通用户开辟金融服务通道，像保险、理财、黄金、信用交易等。

2. 行业资讯门户网站转型做供应链金融：主要是利用行业门户网站的优势，对业务进行拓展和延伸，借助其平台优势转行电商并最终拓展至供应链进攻领域。

3. 软件公司转型：各类软件公司也开始加入供应链金融行列。典型代表有用友网络、汉得信息等。

4. 物流公司：物流公司凭借其多年来上下游间非常深厚的关系，转身向电商发展，并将其业务延伸致供应链金融，成为非常重要的第三方。其典型代表有怡亚通、瑞茂通等。

5. 传统公司转型：传统公司向供应链金融转型并不是仅仅为了跟互联网 + 的风，而是在中国经济发展现状的格局下不得不步入转型行列，是顺应国家经济发展要求而进行的转型，也是其获取盈利的重要来源。

无论是大数据金融的哪种模式，都能很好地引导企业向大数据金融方向转型，都能为社会和企业带来广阔的发展前景。相信在不久的将来，大数据金融以其优先占据先机的优势，将在互联网金融领域有更大的作为。

大数据金融给传统金融业带来的影响

眼下，大数据金融强烈冲击着传统金融业的发展，并且改变着人们的生活消费习惯，由此对传统金融业的发展带来了巨大的影响。

大数据金融的出现，使得传统银行的优势几乎消失殆尽。因此，从某种意义上来讲，大数据金融已经严重影响了传统金融的竞争格局。

所谓大数据金融，是指收集巨量的非结构化数据，通过对其进行深入分析，将分析得来的客户各方面信息提供给互联网金融机构，互联网金融机构和金融服务平台在分析和挖掘这些信息之后，可以完全掌握客户的消费习惯，进而准确预测用户的消费行为，有效进行风险管控。简而言之，大数据金融就是将大数据与传统金融服务、互联网金融服务相结合，创新性地开展相关资金融通工作的统称。

那么大数据金融究竟给传统金融业带来了什么样的影响呢?

在这里我们先分析下传统银行的现状。传统银行有自己的一整套完整的数据仓库，把企业平常内部数据信息进行整合，然后将其放入数据仓库里。之后，传统银行会根据这些数据建设能够满足银行各种管理需要的应用。

我国银行的数据量和交易量是世界上许多国家无法比拟的。此外，银行客户数、账户数、交易次数也都是其他国家无法企及的。但是这些数据却给传统银行带来了诸多隐患。由于数据增长速度过快，导致需要分析处理数据的机器设备不断更新换代来满足越来越多的数据量的分析、整合。目前很多大银行都有上百个系统来处理日常积累的庞大数据，并对这些数据进行分类管理。但是，随着互联网技术的不断发展，用户行为数据以及物联网传感器所产生的数据都会成为全新的数据类型，需要被分析和处理。在这种情况下，原有的数据处理设备就不能满足全新的数据形式。

与此同时，随着全球经济形势的变化，以前传统银行的批量处理方式已经不再能够满足海量数据的高时效性要求。

然而，最为严重的问题还不仅仅局限于此。传统银行一直以来都是采用一种封闭的方式来进行业务操作，这就导致其无法获取广大客户的消费行为，不能真正地了解客户的真实需求。而对于用户来说，能够真正参与传统银行业务中的机会几乎是零。在这种营销方式下，传统银行没有获得精准数据，也就不能有针对性地为客户提供相应的服务，进而无法实现精准营销，最终必然会降低成交量。

大数据金融的出现，给传统银行一记沉重的打击。大数据金融通过互联网数据记录银行客户的行为，分析得出客户的风险喜好、投资爱好、个性特征等，从而利用这些优化的数据资源，为客户指定个性化产品及服务，进而获得大量的客户流，为银行之后的发展打下了良好的基础。

大数据金融与传统金融之间的竞争实际上就是大数据的竞争。而大数据金融给传统金融带来的直接影响就是客户流量减少，生存受到威胁，最终不得不进行转型。

在互联网时代，谁拥有大数据，谁就获得了话语权。大数据之所以具有巨大的潜在价值，就在于其能够指引企业分析获得用户的精准需求，进而帮助企业定位产品，满足用户需求，最终达到精准营销的目的。而大数据金融的代表——互联网金融就是产生于信息化与大数据的革新时代，充分利用大数据优势，解决自身发展方案的很好的例子。

蚂蚁小贷之所以成功，就在于其具备强大的数据分析能力。蚂蚁小贷拥有的微贷事业部数据分析员工在整个团队中所占比例达到了20%，风险控制团队中数据分析员工所占比例超过了整个团队人数的50%，而这在普通金融机构中，其比例仅仅为4%左右。很明显，传统银行在大数据分析方面做得远远不如蚂蚁小贷。这也是为什么传统银行不能够与网商银行所抗衡的原因之一。

作为传统银行来讲，要想能够在金融领域立足，就必须拥抱大数据，必须进行转型。大数据是信息革命中前沿的创新技术，传统银行要充分利用自身内部数据，同时也要大力挖掘企业外部数据，实现数据资源的合理配置与利用，从而加快高速转型，快速步入可持续发展阶段。

蚂蚁小贷：源于大数据的互联网金融

蚂蚁小贷的前身是阿里小贷，即阿里小额贷款，是 2010 年 6 月阿里巴巴旗下正式成立的金融服务群体，2014 年 10 月 6 日阿里小微金融服务集团以蚂蚁金融服务集团的名义正式成立，随后阿里小贷也正式更名为蚂蚁小贷，目前蚂蚁小贷新增了天猫账单分期业务。蚂蚁小贷主要面向阿里巴巴 B2B 平台小微企业和淘宝、天猫平台上的小微企业、个人创业者提供不同类型的小额信贷服务。蚂蚁小贷规定贷款人无须提供任何担保，仅凭个人信誉便可进行贷款。

个人或小微企业在向蚂蚁小贷进行贷款时，蚂蚁小贷规定的贷款申请条件如下：

1. 会员注册时间满 6 个月的阿里巴巴诚信通会员或中国共赢上会员（如果从普通会员转成付费会员，从注册成为普通会员的时间算起）；

2. 会员企业工商注册所在地为杭州地区（个人诚信通注册地为杭州）；

3. 申请人为年龄在 18–65 周岁的中国公民（不含港澳台），且为企业法人代表（个体版诚信通为实际经营人）；

4. 拥有经过实名认证的个人支付宝账户。

那么，蚂蚁小贷为什么敢不需要任何担保，仅凭借个人信誉就将款项发放出去呢？不用担心这么做会有巨大的风险吗？事实上，蚂蚁小贷是源于大数据的互联网金融，也正是大数据解决了蚂蚁小贷的风险问题。

事实上，蚂蚁小贷是一种在互联网和大数据基础上建立的放贷模型——水文模型。该模型实际上是按照微小企业类别、等级等分别对阿里商户做统计的相关水文数据库。该数据库不仅包括贷款人自身的数据变化，还包括同类企业数据的参考情况，这样，阿里巴巴在为贷款人发放贷款时，就综合参考该水文数据库，通过数学方法和各种参数，得出贷款人的信用额度，以及预测贷款人未来的情况。

1999 年，阿里巴巴集团正式成立。2011 年，阿里巴巴把支付宝的所有权转给了浙江阿里巴巴电子商务有限公司。时隔两年之后，也就是 2013 年，阿里巴巴以支付宝的母公司即浙江阿里巴巴作为主体来筹建小微金融服务集团（现更名为蚂蚁金服），该集团拥有理财、保险、担保、小额贷款、第三方支付等业务。同年，阿里巴巴拥有的淘宝注册用户量超过 4 亿，拥有如此庞大的客户基础，使得阿里巴巴旗下的小贷业务呈迅猛发展的态势。相关数据显示，截至 2014 年年底，蚂蚁小贷发放累积金额超过了 2000 亿。

蚂蚁小贷在贷款前、贷中、贷后，以及反欺诈、市场分析、信用体系、创新研究中都有很大的作为。

目前，蚂蚁小贷已经推出了淘宝信用贷款、订单贷款，以及阿里信用贷款等微贷产品。由于蚂蚁小贷的服务对象都是以淘宝和阿里巴巴为经营平台，因此蚂蚁小贷可以轻而易举地获得客户的历史数据，并由此能够简单快速地判断贷款人的信用情况，进而决定贷款的发放情况。

其实，蚂蚁小贷仅仅是大数据与互联网金融相结合发展的一个典型，也正是大数据基础上构建的互联网金融平台才能开展数据征信和风险控制等诸多操作。从蚂蚁小贷可以看出，大数据在互联网金融中的巨大潜力不可估量。

大数据本身具有海量、多样、多维度、相关性的特点，借助大数据的这些优势，对风险的把控具有重要的指导意义。对于一个企业来说，尤其是互联网金融企业，是否拥有足够海量的、多样的数据，对其未来的发展具有举足轻重的作用。蚂蚁小贷自身拥有巨量的大数据信息，为其开展分析、进行计划与生产、进行行为预测、实现市场营销打下了良好的基础，最终帮助其提升了金融服务效率，实现了赢利目标。

目前，在互联网金融的浪潮中，大数据已经成为金融行业里的一个不可或缺的部分。数据其实有很多不同的属性，不同的领域赋予了大数据不同的属性。在互联网金融领域，大数据实际上反映的是与数据相关的真实资金、消费能力、个人信誉的一种资产。蚂蚁小贷也正是看到了大数据在这方面的价值，才将大数据加以利用，融入其互联网金融的发展中，最终实现了“无担保放贷”的可能。也正是大数据为蚂蚁小贷带来了巨大的商机巨额价值，才使得蚂蚁小贷在互联网金融领域大放异彩。

大数据大得其势，金融游戏是否还能继续

在这个大数据横飞的年代，数据已经渗透到了各个行业及领域，并且数据正呈爆炸性趋势发展着，丰富而庞大的数据资源无论在商界、政界还是学术界都呈现出一种繁杂的特征，在金融领域也不例外，使得金融领域受到了大数据的严重冲击。那么在大数据大得其势的今天，金融游戏是否还依然能够继续呢？

我们先从一个简单的例子说起。

2014 年 10 月 16 日，蚂蚁金融服务作为阿里金融旗下的一员正式成立。自其上线以来，蚂蚁金服旗下的“花呗”业务在短短 20 天时间内的用户已经超过千万，其旗下的招财宝平台上线一年以来累计成交金额突破了千亿。自成立以来，蚂蚁金服每天的支付笔数超过了 8000 万笔，其中移动支付笔数超过了 4500 万笔，超过整体笔数的 50%。移动端支付宝钱包的活跃用户数量突破了 1.9 亿个。截至 2015 年 6 月，蚂蚁金服的估值已经超过了 1800 亿元人民币。

蚂蚁金服能够以如此快如闪电之势实现规模的不断拓展，在传统金融时代，这貌似是不太可能实现的。在大数据超速发展的今天，互联网

金融时代这样的发展速度是史无前例的。

蚂蚁金服的盈利好比一个投资者半年时间里赚到了1个亿，让人看了着实羡慕。但是，能够在短时间内获取这样的巨额收益，是偶然还是机遇？关键是互联网金融的大数据在其中起了至关重要的作用。

所谓“得数据者得天下”，也从中道明了大数据在企业发展过程中具有举足轻重的作用。正是因为大数据，才使得金融机构能够比以前更加容易精准地预测未来的发展趋势，并且做出重要的决策。也正是因为有了大数据的支撑，也才使得互联网金融公司能够精准定位客户需求，进而推出精准产品，为客户更好地服务，从而能够留住客户，最终使其企业发展呈突飞猛进的方式增长。

大数据可以帮助金融市场进行预测。博时基金借助“淘金100大数据金融指数”设计的一款理财产品，从2009年12月31日起开始计算，截至2015年1月1日，在这五年的时间里，其收益超过了572%。简单来做个比方，即在2009年的时候投资了1块钱，到了2015年的时候就可以获得接近6块钱的收益。

此外，百度百发也同样如此。百度百发创立于2014年10月，也通过“淘金100大数据金融指数”实现了短时间内快速赚钱。截至2015年4月8日，其净值涨幅达到了64.2%。

实际上，互联网金融企业之间的博弈就是数据量的比拼。随着世界经济不断变革与发展，由此而带来的海量信息又将反过来推动经济的不断更迭。金融领域作为经济的一个重要组成部分，也必将受到大数据的影响。大数据改变金融的时代已经来临。

然而，对于企业内部的数据而言，即便是数据量十分巨大，但这仅仅是个数据孤岛，只有与其他行业的相关数据库实现无缝对接，才能实现数据的有效整合。否则，即便是每个企业都拥有无与伦比的大数据资源，也仅仅是为企业自身所服务，不能实现资源共享，不能从根本上快速提升企业的发展潜能，也无法给企业带来实用性的效益。大数据只有进行多方融合，并进行全面整合，才能最大化地发挥其巨大的潜在价值，才能最大限度地给企业带来更多的盈利。

蚂蚁金服作为阿里巴巴旗下子公司，本身就拥有得天独厚的数据资源。对于自己拥有如此庞大的数据量，蚂蚁金服并没有闭关自守，而是采取开放的态度，实现了与博时基金、中证指数、恒生聚源三个公司共同合作，将其数据集合起来，共同研发了“淘金 100 大数据金融指数”。因此，使得数据实现了无缝连接，最终使这四个公司全部都能从中收益。

大数据大得其势，已经深入渗透到了金融领域，也必将给金融业带来巨大的变革。金融业在插上大数据这双翅膀以后，必将实现行业的腾飞。依托于大数据，金融游戏的精彩部分才刚刚开始。

传统银行引发数据争夺战

如今，我们生活中的方方面面无不充斥着大数据的身影，大数据的应用领域非常广泛。通过茫茫大数据海洋，我们可以短时间内分析、定位、生产出我们想要的东西。当然，大数据也为银行等金融行业的发展开启了一道方便之门。

眼下，传统银行正面临着诸多竞争与挑战，这些竞争和挑战来自内部和外部的兼而有之：

1. 内部竞争和挑战主要表现在以下几方面：一方面，传统银行拥有的数据库信息量并不尽如人意，具有不丰富和不完整等缺点，这些数据库信息包括客户性格特征、兴趣爱好、生活习惯、行业领域等客户信息。此外，传统企业对于多种异构数据的分析、处理能力低下，这些异构数据具体包括客户资金进出信息、网页浏览信息、ATM 录像信息等。另一方面，诸多同等传统银行采取多种方式吸引客户。

2. 外部竞争和挑战主要表现在：以电商为代表的互联网企业，如阿里巴巴、京东，已经不仅仅满足于只涉足支付领域，而且开始逐渐利用大数据全面涉足传统银行领域，例如阿里巴巴金融服务、京东供应链金融服务等。另一方面，同行业间已有部分银行利用大数据走上经营模式变革道路。

在这个大数据价值颇受关注的时代，阿里巴巴旗下的支付宝也对数据挖掘颇感兴趣，力图借助大数据之力在金融领域大展宏图。2015 年，支付宝全面进入升级阶段，在原有功能的基础上增添了聊天功能。但这还不算新奇，重点在于支付宝全面推出了“利用大数据的风控系统取代手势密码”。

全新升级的支付宝数据风控系统是对用户的账户、设置、行为、关系、偏好等各个方面进行全面的数据监护。简单来讲，就是支付宝利用智能手机上的传感器采集用户日常使用习惯数据，传给支付宝平台，然后通过平台数据分析功能进行分析，并最终得出结果，然后再利用有关数据对用户的日常生活中的适应习惯、登录地址、密码设置等诸多行为进行风险管控。支付宝的这次升级并不仅仅是简单意义上的升级，其实质是利用大数据潜在价值在金融领域进行的一场非常深入的革命。

在这种情况下，传统银行可谓是内忧外患。面对如此困局，传统银行不得不开始着眼于转型，不得不利用大数据的应用来确定市场机会和挖掘新的业务增长点，以此来作为其实现战略转型的有效途径。于是，银行界统一达成共识，认为数据是未来银行的核心竞争力之一，传统银行在市场上的争夺战其实是一场数据的争夺战。

传统银行浩浩荡荡地朝着数据靠拢，希望利用有价值的数据帮助自己在这场没有硝烟的战争中取得胜利。为了进一步实现这一目标，传统银行做了以下方面的“功课”。

1. 用大数据推动发展模式转型。通过收集各渠道数据信息，并将大数据技术与各渠道信息整合，将客户的真实面貌还原，最终帮助银行更好地了解客户需求，根据客户需求制订出个性化服务。

2. 用大数据创新风险决策模式。通过多种传感器采集多个渠道的数据信息，帮助银行更加全面、真实、实时地了解贷款人信息，从根本上降低资金回笼的风险。

3. 用大数据加速管理升级。通过大数据技术以及大数据思维模式的使用，从根本上改变传统管理理念，创新管理模式，实现管理升级，最终实现企业利润的提升。

据有关数据显示，截至 2015 年 7 月份，中国工商银行已经利用先进的集中式数据监控技术，成功预警堵截了 3.1 万起电信诈骗案件。该技术是工行自主研发生产的“融安 e 信”外部风险信息服务平台。通过该平台具有风险信息收集及分析、数据挖掘、风险评级、实时预警、自动控制等功能，对网点、网上银行、电话银行、手机银行、自助终端等渠道的交易实施筛查，对电信诈骗实时进行自动预警和风险提示，“融安 e 信”的风险预警准确率超过了 95.59%，在转账汇款欺诈、信用贷款申请欺诈方面的预警准确率超过了 98%。因此，工行研发的该服务极大地提升了客户交易的安全度，降低了诈骗案件的发生率。

因此，传统银行必须顺应时代的潮流，快速适应时代的发展趋势，用积极的心态去迎接并拥抱大数据，利用大数据的独有优势来打响这场无声无息的市场争夺战。

第六章

互联网保险，解读保险圈的秘密

本章重点导读

☆保险行业在互联网与金融业的双重驱动下进入了一个全新的高速发展时代，并由此催生了互联网保险。互联网保险的发展空间正在不断增大，并孕育着一个巨大的蓝海市场。

☆目前，互联网保险时代已然来临，在场景化基础上进行跨界合作的保险产品顺应客户需求不断推出，使得互联网保险产品逐步向多元化挺进。

☆保险行业在互联网的深入渗透下已经呈现迅猛增长之势。无论大型还是中小型保险企业，都将关注焦点集中在移动终端上，由此也带来了互联网保险的全新玩法。

☆纵观互联网保险的发展史，我们不难发现，互联网保险是经历了千锤百炼才发展到今天的表现形式。未来互联网保险公司必将在充满了挑战和更多全新机遇中，发展出更具规模和独特竞争性的新型保险公司。

☆目前网络诈骗花样日渐增多，客户的风险需求也正向着更加多元化的方向发展，因此，互联网保险在保障用户资金安全方面依然任重而道远。

☆上市公司介入互联网保险行业，使得相关公司股价暴涨。一场群雄逐鹿互联网保险之战，使得股票成为“新金矿”。

☆近年来，互联网保险行业的发展如火如荼，各种互联网保险层出不穷，让人应接不暇，可以预见，“保险+”时代即将来临。保险黑板擦的横空出世，加快了“保险+”的快速实现，为互联网保险行业增添了不少活力，也为众多用户擦去了后顾之忧。

☆在向互联网保险的巨大蛋糕飞奔的过程中，众多机构和企业包括保险企业、第三方交易平台等都开始抢夺人才。一场轰轰烈烈的互联网保险人才大战拉开了序幕。

互联网保险孕育巨大的蓝海市场

随着互联网与金融业的深度融合，巨大的商业机遇也随之而来，互联网券商、征信、借贷等投资热点如雨后春笋般纷纷涌现。与此同时，保险行业也在互联网与金融业的双重驱动下进入了一个全新的高速发展时代，并由此催生了互联网保险。互联网保险的发展空间正在不断增大，并孕育着一个巨大的蓝海市场。

所谓互联网保险，顾名思义就是将保险信息咨询、保险计划书设计、投保、缴费、核保、承保、保单信息查询、保全变更、续期缴费、理赔等一切与保险有关的业务都赋予了互联网化。简单来讲，互联网保险较传统保险而言，是一种借用计算机，在互联网基础上实现保险销售的一种全新的营销模式。用户可以足不出户就能够通过互联网进行与保险有关的业务。互联网保险的便捷性是其能够打败传统保险业的关键所在。

由于互联网在金融领域的影响逐步加深，使得众多互联网相关的金融产品不断推出，互联网保险就是众多产品中的一个。

2000 年 8 月，国内最早的全国性网站由国内知名的太平洋保险和平安保险两家保险公司几乎在同一时间建立。太保的网站被称为我国保险业界第一个贯通全国、连接全球的保险网络系统。平安则因为开通了全国性网站 PA18，并在网上办理保险、证券、银行、个人理财等业务，被誉为“品种齐全的金融超市”。这便是互联网保险的前奏。

2013 年，阿里巴巴、腾讯、平安三大企业联合推出“众安在线”，并正式获得了中国保监会的批复。至此，我国第一家互联网保险公司正式成立。我国互联网保险的序幕由此拉开，也标志着我国保险业与互联网的融合有了重大的突破。

与普通保险相比，众安在线能够结合自身特点，因地制宜地与互联网思维和大数据相结合，设计出能够专门为互联网经济而服务的保险产品，能够在线提交理赔申请、提供证明材料，从而实现“保险设计—保险销售—保险理赔”的一系列互联网保险服务。2015 年 5 月 20 日，众安在线联合途虎养车网、新焦点汽车维修服务有限公司共同推出了“轮胎保障服务”，该服务是国内首款与轮胎保险有关的服务。目前，众安在线的合作伙伴包括淘宝网、支付宝、小米、蘑菇街、去哪儿网等众多网站。截至 2015 年 4 月底，众安保险服务过的客户数量超过了 2.5 亿，累计服务单件数也已超过了 16 亿。

与传统的保险相比较，互联网保险具有诸多优势，主要表现在：

1. 在推销方面，互联网保险的客户可以有巨大的选择产品空间。客户可以货比三家，在线对多家保险公司的产品进行比较。此外，互联网保险的保费具有透明的特征，对客户权益也是非常有保障的。

2. 在服务方面，互联网保险则更加便捷，客户只要轻轻点击鼠标就可以进行在线产品咨询，可将电子保单发送到邮箱。

3. 在理赔方面，互联网保险的理赔则更加轻松化。基于互联网优势，使得投保更加简单化，信息流通速度也得以加快，使得客户理赔不再像以前那样难以实现。

4. 在收益方面，保险公司已然可以通过互联网保险获益。互联网的出现加快了传统保险的发展速度，与此同时也降低了保险产品设计和销售的成本，有效提高了互联网保险公司的运营收益。

目前，我国互联网保险存在巨大的发展空间。

首先，渠道的网络化、场景化，使得互联网保险呈迅猛增长的态势。我国目前的互联网保险主要包括三大类：人身保险、财产保险、创新性保险。人身保险分为理财型寿险、健康保险、意外险、传统寿险等。财产保险分为汽车保险、家财保险等。创新性保险如淘宝购物的运费险。然而无论是人身保险还是财产保险，或是创新性保险，都是互联网时代保险在不同场景下诞生的保险种类。尤其是创新性保险，将为互联网保险提供更多场景，由此产生更多更丰富的产品形式。然而互联网保险的三大类中，无论哪一类，都可以通过互联网的方式进行网络化销售。我国当前的互联网保险的网络化销售还有很大的发展空间。

2012 年，美国人身险在线购买的比例达到了 8%—11%，该比例是我国人身险种在线销售数量的 4—7 倍。在互联网保险的财产保险销售方面，我国与国外的差距则更大。以汽车保险为例，美国的互联网车险销售比例达到了 30%—50%，英国的大概为 45%，而我国仅为 1% 左右，就连日韩两国的也都超过了我国，分别为 41% 和 20%。由此看来，我国的互联网保险的销售空间是十分巨大的。

其次，大数据对互联网保险的发展进行全面指导。大数据成为当下活跃的一分子，几乎涉足任何一个领域。大数据为互联网保险带来丰富的信息数据，从而对互联网保险的风控进行了精准把握，最终进行精准的产品定价。

可穿戴产品的出现，可以帮助对人体的生理指标和行为举止进行实时监控，这些长期积累起来的监控数据可以被用来根据人体状况以及可能发生意外的概率作为判断投保依据，从而为特定客户提供精准价位的精准人身保险产品。

由此可见，我国互联网保险无论在场景方面还是在大数据方面都具有不可估量的发展前景。我国的互联网保险正孕育着一个巨大的蓝海市场。

互联网保险产品向多元化挺进

互联网创新使得不同行业的产品形态呈现出多元化的特点，并且跨界融合也日益加大。互联网保险和其他行业的融合也在不断加深，使得互联网保险的场景也越来越贴近生活，由此决定了互联网保险产品向多元化方向发展。

场景类保险的出现使得互联网保险比普通保险变得更加“感性化”，更加贴近生活。诸如“加班险”之类让人意想不到的保险层出不穷。

2015 年 7 月 16 日，华海保险与财客钱包合作，共同推出了一款新奇的险种——加班险，使得保险品类逐渐向多元化贴近。该加班险主要是针对经常加班的年轻白领而推出的一款保险产品。投保人每月的投保费用仅仅为 9.9 元，参保时间为一个月。此款保险规定，参保人员在此期间如果在晚上 9 点之后下班就可以获得 9 元的赔偿金，如果在晚上 10 点之后下班可以获赔 10 元。以此类推，下班时间每晚一小时，就可以多增加一元的赔付金，单次最高不超过 12 元，一个月内最多可以赔付的金额不超过 72 元。除此以外，参保者还需填写自己所在单位的地址以及家庭住址，两者之间必须距离 2000 米以上才可以参保。

该产品的整个程序都在财客钱包 APP 或者微信公众号中完成，参保人每天下班后都需要在APP上打卡，系统会通过LBS进行定位，并结合参保人员的下班时间以及回家路程来判断参保人是否加班，最终判断参保人是否符合赔付要求，并据此进行赔付。

加班险作为一种互联网保险的创新产品而出现。随着大数据在互联网金融中的不断渗透，诸多互联网保险公司在积累了大量用户数据的基础上，经过分析，进而预算风险，使得越来越多的场景类产品在大数据的基础上不断涌现。

目前，互联网保险种类五花八门，失眠险、手机碎乐、痘痘乐、堵车乐、补胎乐等多种保险产品接踵而至。睡不着、手机屏碎了、长痘痘、路上堵车、补胎都能获得理赔。由此可见，互联网保险已经关注到了人们的衣食住行玩各个方面。这些保险产品都是抓住了用户的痛点，将用户的痛点作为产品挖掘开发的重点，因此才有了这些个性化十足、针对性很强的保险产品。

保险黑板擦是一款以互联网保险产品创新生活为核心的智能手机APP，是由上海意时网络科技有限公司自主设计的一款产品。保险黑板擦是一种特殊的金融产品，为用户提供一种免费的“碎乐服务”。如碎乐险，适用于手机屏幕破碎的用户；如航空延误险，如果用户的飞机航班晚点，保险黑板擦也会根据相应的延误时间来赔偿用户相应的金额。该产品推出不到4周的时间，就有超过40万用户下载APP，并成功完成了注册，领取了“碎乐”赔付金。

免费是互联网的一种模式，通过该模式可以大量吸引客户，并增加客户的活跃度。互联网与保险的深度融合，使得创新保险产品与日俱增，无论是老牌保险企业，还是保险界的新生力量，都积极加入该行列，试图在这个具有广阔发展前景的互联网保险行业分得一杯羹。

2015 年 7 月，中国人民财产保险公司大力推出了自己新研发的一款保险产品——网游险。该保险规定，如果参保人员是游戏玩家就可以入保，参保人员的账号、装备、道具、游戏币等如果因被盗或受到了黑客的攻击，给参保人员带来了不同程度的损失，可以通过网游险获得相应的赔偿。

由此可见，互联网保险时代已然来临，在场景化基础上进行跨界合作的保险产品顺应客户需求不断推出，使得互联网保险产品逐步向多元化挺进。

互联网保险的全新玩法

2015年7月23日，保监会出台了《互联网保险业务监管暂行办法》。随后，2015年8月10日，中国保险行业协会互联网分会在北京正式成立，会议将“保险业现状、互联网金融对保险业的影响、互联网保险的特点及发展趋势”作为讨论的重点，并将以“建立更高的起点、更高的标准来推动互联网保险事业的健康、有序、快速发展”作为互联网保险的发展目标。由此可见，国家对互联网保险行业给予了高度重视。

2014年，我国互联网保险规模呈大幅增长趋势，截至2014年年底，全国共有85家保险公司开展了互联网保险业务，比2013年的保险公司数量增加了26家。2014年，全国保费收入总额为858.9亿元人民币，同比增长了195%。2015年1—5月，我国互联网保险的保额收入总额就已经为659.93亿元人民币，该数字是2014年同期的2.7倍。

毫无疑问，保险行业在互联网的深入渗透下已经呈现迅猛增长之势。在互联网保险发展的全新时代里，大型保险企业致力于销售渠道和服务商不断更新和创新，而中小型保险企业则充分利用其自身“小”的优势，更加灵活地实现转型，将精力集中在产品设计和营销模式的创新上。无论大型还是中小型保险企业，都将最终的关注焦点集中在移动终端上，由此也带来了互联网保险的全新玩法。

一、中国平安集团：向互联网进军

中国平安集团目前的互联网保险几乎在所有领域都有涉足。目前，中国平安集团的寿险产品推出了移动远程柜面、微信以及 APP 等多个渠道的服务；在车险方面，实现了保单服务、理赔服务的移动端客户自助办理功能，同时也有 APP 服务。

二、泰康人寿：大数据大利润

泰康人寿推出的移动端服务——泰康 e 服务，为广大客户带来了全新的保险服务体验。目前，泰康人寿正在利用手机向客户推荐包括产品偏好、流失风险等在内的个性化数据服务。

随着大数据种类的不断丰富，导致个性化费率、产品和服务都将变得更加实在。泰康移动互联网战略核心思路主要包括以下三点：

1. 泰康人寿的整体运营都在互联网平台上进行，而移动网络的收集平台是其最优先的选择。

2. 借助大数据，构建支持移动界面的数据驱动模式。

3. 搭建基于云计算基础构架的信息整合系统。

三、华泰保险：电商业务合作走在市场前列

华泰保险与电商合作，是互联网保险领域的全新险种。此外，华泰保险还充分关注移动互联网领域，在2013年已经正式上线了手机APP“旅行宝”，并建立了微信平台。

2010年，与淘宝网联合推出网购退货运费险。2011年，与春秋航空联手推出境外旅行险。2012年，与携程旅行网一同创建了酒店取消险。2013年，和永乐票务共同推出票务取消险。2014年，同苏宁易购联合推出节假日旅途保障计划。2015年，联合敦煌网共同推出了出口电商交易拒付保险。

四、华夏人寿：进入娱乐市场

互联网保险行业百家争鸣，华夏人寿进军娱乐市场。不仅如此，华夏人寿还与智能穿戴设备厂商以及医疗机构协商，共同探讨大数据为用户提供实施健康监测即保险服务，以期在接下来的时间里能够将该计划付诸实践。

2015年，华夏人寿开始走自己独树一帜的互联网保险道路。与阿里数字娱乐事业群合作，致力于雷暴增值服务平台的打造，在该平台上进行理财投资的用户，同时可以在该平台上购买保险，投资者只需出资100元，便可以投资热门影视剧作品，并可享受预期年化收益。到2015年7月底，华夏人寿已经与娱乐宝进行过4次合作，其保费营收额累计

达到了 1.2 亿元人民币，购买人数突破 15 万。

五、众安在线：创新运营模式

众安在线致力于“不只是通过互联网销售既有的保险产品，还通过产品创新，为互联网的经营者和参与者提供一系列整体解决方案”。众安在线是国内首家获得互联网牌照的保险企业，将自己定位于“服务互联网”，借助互联网运用场景研发全新的保险产品，将其业务主要放在了电子商务、移动支付、互联网信用保证险上。

总之，互联网保险的全新玩法是保险行业在互联网时代的创新体现，是当下互联网保险的一大发展潮流，也是一种不可阻挡的发展趋势。

互联网保险的起源、发展及未来

纵观互联网保险的发展史，我们不难发现，互联网保险经历了千锤百炼才发展到今天的表现形式。

回顾一下保险业的起源，其实保险是一种将不确定性的风险损失转化为一种确定性的保费支付，从而将风险进行分担的保障机制。我国第一家保险机构是1805年由英国在广州开设的，至今，我国的保险已经有200多年的历史了。随后，在1865年，上海建立了我国第一家民族保险公司——华商义和保险公司。

新中国建立之后，第一家由我国自主经营的保险公司——中国平安保险公司，于1988年在深圳正式成立。自此，保险行业开始逐渐兴起，并开始稳步发展。

中国平安保险公司目前是世界上最大的保险公司之一。后来又几经更名、产险与寿险分家、股份制改革等，最终发展成如今的中国平安保险公司。中国平安保险公司是集证券、信托、银行、资产管理、企业年金等多种金融业务为一体的综合金融服务集团。

进入20世纪90年代，互联网保险随着全球互联网时代的悄然到来应运而生，经历了萌芽期、发展期、积累期、高速发展期四个阶段。

一、萌芽期

1997 年，第一家保险网站——中国保险信息网（2000 年 7 月正式更名为中国保险网），由中国保险学会和北京维信投资顾问有限公司共同创办。同年 12 月，我国保险业巨头新华人寿公司首签了一份互联网保险单，由此，我国第一张电子保单诞生了。这也标志着我国保险行业迈进了互联网的大门。

但是，由于当时的互联网还处于初步发展阶段，再加上保险行业发展也不是十分成熟，因此，这时候的互联网保险仅仅处于萌芽期。

二、发展期

进入 21 新世纪，2000 年是中国互联网保险发展十分重要的一年。

2000 年，国内很多知名保险公司都开始借着互联网之势建立并发展自己的公司网站。最早的保险公司网站是在 2000 年 8 月 1 日，由中国平安建立的国内首家集证券、信托、银行、资产管理、企业年金等多种金融业务为一体的综合金融服务网站——PA18 网站。五天之后，即 8 月 6 日，中国太平洋保险公司建立了国内第一家联通全国、链接全球的保险互联网系统。随后，同年 9 月，泰康人寿保险公司投资建立的泰康在线成功上线，成为我国第一家由保险公司投资建设、能够在线进行投保的大型保险电子商务网站。

一时间，众多保险公司都看好了互联网的优势与发展前景，力图在互联网的推动下打造出属于自己的网站，因此众多互联网保险企业涌现出来。但是很快这样的美景就成了泡影。2000 年，互联网环境受到了重创，互联网保险也在此时偃旗息鼓，进入了“寒冬时期”。

再加上这个时期互联网保险并没有发展到成熟期，国内网络环境较差，人们对保险的意识也不太强，支付安全问题也没有得到很好解决，监管和法律也不健全。大多数家庭当时还没有电脑，因此使得诸多互联网保险的相关知识无法广泛传播和普及。

三、积累期

2006年之后，国内互联网环境开始好转，各种电商开始崛起，安全的第三方支付也出现了，相关监管制度开始逐步完善。这样的大环境为互联网保险的进一步发展提供了良好的契机。自此，互联网保险开始稳步发展。太平洋门户网的发展就是一个典型的例子。

2006年，太平洋门户网建成，将“为全球企业打造网上商务平台，帮助企业通过互联网进行商贸活动、网络数据管理等工作”作为自己服务宗旨。并且，太平洋门户网为了扩大业务，增添了中、俄、英等多种语言系统，还在国内（深圳、宝鸡、上海、洛阳等）外（美国、加拿大等）诸多地方设置了办事处和联络机构。其保险产品面向中国、美国、加拿大、俄罗斯等多个国家和地区。太平洋门户网采用“云计算+电子商务”的创新模式，不断提升用户体验，对互联网技能比较薄弱的企业在开拓市场的过程中给予了极大的帮助。

2009年之后，太平洋门户网开始转向西部市场发展，在太平洋门户网的大力帮助下，许多互联网基础比较薄弱的中小型企业开始迅速进入电子商务市场。

四、高速发展期

进入2012年，互联网保险以前所未有的速度和力量冲击着传统保险行业。

首先，互联网销售已经成为保险销售的主要渠道。

其次，互联网保险的销售渠道逐渐开始向移动端转变。

再次，互联网保险产品也出现了更多的创新形式。

针对互联网时代用户的新痛点、新需求，互联网保险进行了诸多创新。例如，在财险方面，手机碎屏也能够获得保险理赔，这一点我们已经在前文中提到。在人身险方面，诸如赏月险、雾霾险、世界杯遗憾险等诸多貌似无关痛痒的保险品种出现，虽然这些险种在短暂的时间内快速兴起，又在短暂的时间内消失得了无声息，但是这些险种的出现也正表明互联网保险行业越来越注重用户需求，越来越向新奇方向发展，以此来赚足人们的眼球。

之后，互联网保险在大数据的帮助下为用户提供了更加极致的服务。全面、周到、个性化服务成为当下互联网保险的一大特色。这一点在本章第一节也已经提到，在这里不再进行赘述。

最后，在互联网保险高速发展期，国家对互联网保险的监管力度开始加大。

2015年7月23日，保监会出台了《互联网保险业务监管暂行办法》，这对于互联网保险起到了很好的规范作用，使得互联网保险有法可依、有法可循。

《互联网保险业务监管暂行办法》对互联网保险重新进行了定义，还对其风险管控方面做了重要的指出："不能确保客户服务质量和风险管控的保险产品，保险机构应及时予以调整。""互联网保险消费者享有不低于其他业务渠道的投保和理赔等保险服务。"

此外，该暂行办法还对互联网保险企业的经营条件、经营区域、信息披露、经营规则、监督管理等方面提出了明确的要求。

未来，在充满挑战和更多全新机遇中，互联网保险可能会出现一批更加专业化的、具有一定规模和独特竞争性的新型保险公司，成为互联网保险发展的主力军。

网络诈骗频发，互联网保险任重而道远

互联网金融时代，我们在享受便利的同时，也会感觉危机四伏。银行卡被盗、骚扰电话频繁，不法分子将互联网优势变成了其作案的利器，无孔不入，到处搜集个人信息，并借此实施诈骗行为。

目前，网络诈骗形式多种多样：

1. 钓鱼网站诈骗。通常不法分子会事先做一个钓鱼网站，然后用虚假姓名进行注册，留下专用诈骗手机号，之后便开始实施诈骗行为。通常诈骗的目标是一些喜欢购物或者做兼职的网迷，利用这些目标群体帮助进行网站推广，承诺会给予优厚的现金回报。结果推广完成后，根本无法提现，且网站突然倒闭。因此，这些受害者便有苦无处说，有冤无处诉。

2. 电信诈骗。目前，诸多电视娱乐节目非常火爆，许多不法分子借用娱乐节目之名进行诈骗，比如会通过非法渠道获取个人电话号码，通过短信息的形式进行诈骗。

前不久，一位姓朱的男士收到了一条短信息，称朱先生参加“《中国好声音》”节目获得了场外幸运观众奖，并把一台苹果笔记本电脑和价值9.8万元奖金作为奖品，还随后附上了一个网址和一条验证码。朱先

生看到该信息后，感觉简直就是喜从天降，于是抱着试一试的心理，打开了短信息中的网址链接，并输入了自己的个人信息以及验证码，令朱先生高兴的是，网站中果然显示朱先生是中奖者。随后，朱先生拨打了网站中所提供的电话，对方回复称："要想领取该奖品和奖金，需要缴纳 4800 元保证金以及 19600 元的税款，并在 2 日内办理领奖手续，否则就属于违反合约行为，会到当地法院进行起诉，需要赔偿 2 万元的赔偿金。"

一方面急于领取奖品和奖金，另一方面担心对方起诉，朱先生将 24400 元以汇款的方式按期缴纳给对方，结果对方以验证码过期为由，要求朱先生重新汇款，于是朱先生又汇去了 264900 元。但是对方却声称钱都入了银行，要想取出先前的汇款需要缴纳一部分费用才能提回。此时，朱先生急于拿回之前的汇款，又向对方汇去了 259800 元。在一次次的诱骗下，朱先生先后汇款 70 多万元，再次打电话给对方的时候，电话已经无法拨通了。这时候，朱先生才发现自己受骗了。

3. 低价诱惑诈骗。通过网上发布销售比市面上价格更低的同等产品的虚假信息，然后利用 QQ、微信等方式，以某某科技公司作为网名，通过汇款方式进行诈骗。

4. 货物调换诈骗。一些不法分子会注册一个淘宝旺旺账号，然后通过该号向所有的旺旺用户发出一条相同的信息："货寄错了，是返修货，请寄回调换。"然后，不少消费者看到了这条信息之后，就将所购买的产品按照信息提示内容中的地址寄回给骗子。

不法分子利用网络进行诈骗的方式和行为不胜枚举，诈骗手段极其恶劣。在这样的情况下，众多信息泄露的个人、团体，甚至企业成了受害者，诸如个人资金损失，不同规模的企业出现数据泄露以及 IT 故障等。甚至有个人信息及其他有效信息都在自己手中，而银行卡中的钱却不翼而飞的离奇事情发生。在这样的情况下，互联网保险为网络诈骗而生。

在互联网金融时代，网上购物、网上支付是一种较为时髦的消费方式，也已经成了一种趋势。银行卡、支付宝等进行交易环节的资金安全问题却显得尤为突出。互联网保险的出现为众多消费者所面临的“电子风险”保驾护航。众所周知的淘宝退货运费险就是为消费者通过保险的方式将退货风险进行转移。此外，还有外卖平台的食品安全险、众筹跳票延期保险等险种一一出现。这些为消费者的资金账户安全提供了强有力的保障。

眼下经常发生一些消费者银行卡被盗刷的维权事件，也更加突出了在如今的信息时代、电子时代、网络时代，账户安全能否得到保障是关乎消费者的财产安全的重要依据。

2015 年，互联网金融的焦点话题之一就是保险公司和 P2P 借贷平台的合作。两者之间的合作不仅仅是战略意义上的合作，更为重要的是通过两者的合作使得交易环节的资金安全最大限度地得到了保障。

2015 年 7 月 13 日，互联网保险公司阳光财险和 P2P 借贷平台乐金所双方达成了合作共识，形成了保障用户利益的“保险 +P2P”的全新发展模式。该模式对促进 P2P 行业用户资金保障体系的完善具有十分重要的指导意义。

互联网金融的不断发展，使得越来越多的消费者的消费习惯逐渐从线下转移到了线上，各种交易安全风险也随之出现。互联网保险的诞生为消费者的账户安全提供了一道安全屏风，给消费者财产安全带来了巨大的保障。但是目前网络诈骗花样日渐增多，客户的风险需求也正向着更加多元化的方向发展，因此，互联网保险在保障用户资金安全方面依然是任重而道远。

群雄逐鹿互联网保险，股票成“新金矿”

2015年6月，保监会发文称：“为进一步发挥保险行业在互联网金融专业化方面的先发优势，有序增加专业互联网保险公司试点机构，批准筹建易安财产保险股份有限公司、安心财产保险有限责任公司、泰康在线财产保险股份有限公司三家互联网保险公司。”这三家新近获得牌照的互联网保险公司的主要经营范围包括货运险、信用保证保险、意外险、健康险、家财险、企财险等。这些经营内容与首次获批的互联网保险公司众安在线的经营范围基本一致。然而，这仅仅是互联网保险发展壮大的冰山一角。众多互联网保险的创业项目正接踵而来。

在多数保险机构布局互联网业务、众多互联网保险项目纷纷涌现之后，诸多非保险机构开始把自己的触角向互联网保险行业延伸。因此，互联网保险行业成为非保险行业竞相逐鹿的新战场。

2015年2月5日，华泰财险与国家首家在线外贸交易平台敦煌网达成合作共识，并签署合作协议。华泰财险将承诺为敦煌网倾情打造一项跨境电商风险保障计划，为因跨境交易而带来的风险损失提供合理补偿，以此来最大限度地降低交易风险，并且也可以避免与客户之间引起的纠纷，还可以为客户提供更多的增值服务。

2015 年 2 月 12 日，美亚财险与电商上市公司网盛生意共同达成了合作共识，双方就互联网保险领域展开深度合作问题达成一致意见，双方将“共同探讨未来保险行业互联网化的全新模式”作为未来的发展目标。

事实上，自 2014 年以来，互联网保险行业有越来越多跨界者汹涌而至。上市公司介入互联网保险行业，成为 2015 年的新秀产业，使得相关公司股价暴涨。一场群雄逐鹿互联网保险之战，使得股票成为时下的“新金矿”。

据统计，2015 年沪深交易所的上市公司中，除四大保险公司（中国平安、中国人寿、中国太保、新华保险）上市外，共有 14 家非保险机构上市公司（银之杰、天茂集团、京天利、证通电子、邦讯技术、苏宁云商、天源迪科、焦点科技、高鸿股份、大众公用、西水股份、大众交通、三泰电子、深圳能源）“搭上”了互联网保险的概念，呈现了股价暴涨的局面。其中 11 家公司的股价从 2015 年第一季度涨幅突破 20%，最高涨幅达到了 130%。

上市公司介入互联网保险行业，由此产生了互联网保险概念股。然而每个上市公司都有自身的发展特点，因此它们在介入互联网保险行业的时候都结合自身特点从不同角度进行切入。通常的切入方式有：

1. 从险企服务商角度切入，典型代表是三泰电子。2015 年 3 月，“金宝盟”网站被三泰电子收至麾下，然而其职责就是为保险公司、金融公司提供推广投放服务。

2. 从收购互联网保险销售平台角度切入，典型代表是焦点科技。

2011 年，焦点科技将互联网保险经纪公司——慧择保险收购。

3. 从为保险中介提供服务角度切入，典型代表是邦讯技术。邦讯技术作为无线网络优化系统供应商和设备供应商，自建了“宝 720”网站，并利用该网站为保险中介机构和个人代理人提供各种服务，包括线上交易、培训及管理。

4. 从信用保证产品责任险角度切入，典型代表是生意宝。生意宝与美亚财险成为战略合作伙伴之后，把信用保证、产品责任险作为互联网保险的关键切入点，向电商平台的企业推荐美亚财险的相关保险产品，最终达到涉足互联网保险行业的目的。

银之杰进军互联网保险行业之后，其股价一路攀升；天茂集团也在控股国华人寿之后，复牌后三次涨停，每股价格达到了 5.46 元，该数字是天茂集团自 2011 年 4 月以来创下的新高价，在此之后，天茂集团的股价一直处于上升局面，截至 2015 年 8 月 23 日，其收盘价达到了最高值，为 8.41 元。（行业竞争加剧，该数值仅供参考）

尽管切入点多种多样，使得股票成为“新金矿”，但是上市公司切入互联网保险行业才刚刚开始，还处于初级阶段。相信，未来众多上市公司将充分利用互联网保险优势，优化其公司经营结构、拓展其经营规模，逐步推进其在互联网金融领域的战略布局，最终实现其核心竞争力提升的目标。

互联网保险人才大战拉开序幕

2014 年，互联网保险蓬勃发展，尤其是进入 2015 年，互联网保险的发展更加突飞猛进。自 2014 年新“国十条”政策红利发放以来，诸多互联网保险公司申请并拿到了保险牌照，尤其是 2015 年，越来越多的互联网保险公司开始崛起，与此同时，多家类似平台也已经开展了网商业务，互联网保险公司的规模开始迅速扩大。因此，有人称 2015 年是互联网保险元年。

对于互联网保险来说，拿到了由保监会发放的互联网保险牌照，就相当于拿到了“准生证”一般。因此，诸多保险公司试图通过“准生证”快速进入互联网保险行业。2015 年 6 月 24 日，保监会同时批准了易安财产保险股份有限公司、安心财产保险有限责任公司、泰康在线财产保险股份有限公司三家实力不俗的互联网保险公司的筹建工作。这标志着我国互联网保险正在走上迅速扩容的道路。

在互联网保险极速扩容的情况下，传统企业就必然会急需互联网人才。据不完全统计，2015 年 3 月底，我国共有超过 15 家互联网保险公司在智联招聘人才网上发布了 186 个相关职位的招聘信息，招聘职位包括 O2O 运营规划、车联网产品经理、互联网产品经理等。

以下是 2015 年第二季度，我国各大行业就业排行榜：

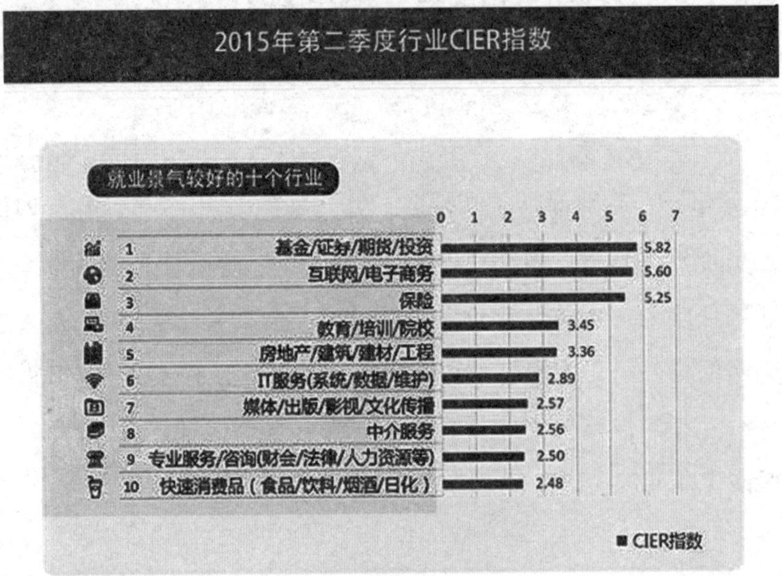

由此可以看出，我国在金融和保险行业的人才需求量还是很大的。同时也表明，我国目前互联网保险行业的发展前景还是十分广阔的。

互联网保险企业如此大肆招揽人才，是为了更好地布局互联网渠道业务。此外，由于第三方交易平台拥有巨大的客流量以及海量的大数据等优势，而这些优势正好是互联网保险所急切渴望的，因此第三方交易平台也成为互联网保险发展的一个重要渠道。2014 年春节期间，华泰财险与苏宁一同推出了“人在囧途”和“BOSS 莫怪”两款保险产品，该产品受到了众多消费者的积极响应，其销量也达到了预期目标。

与此同时，第三方电子商务平台的发展也离不开保险人才的技术支持和业务拓展，最为典型的就是淘宝网与险企共同开发的退货运费险，以及中秋赏月险、春运险、众乐宝、乐业保等。此外，京东也和人保财险、国寿财险共同联合推出了退货运费险，是零售业与保险进行捆绑式销售的一次尝试。毋庸置疑，随着电子商务市场的不断扩大，越来越多的商家入住电商，保险销售领域必将诞生越来越多的互联网保险产品，并且针对购销交易各个环节的保险产品也会更多。众多互联网保险产品的诞生必然要求更多的互联网保险人才加入团队设计与研发，以及后续的监管等。

其实早在2014年的时候，我国已经开始经营的互联网保险企业已经达到了85家，其中有69家企业已经在自主建成的在线商城进行经营活动，而其中有68家企业已经与第三方电子商务平台进行合作，研发创新互联网保险产品。

另外，目前第三方电子商务平台也纷纷开始向传统保险企业的高端人才抛出丰厚的待遇，以吸引更多保险人才的加入，使得互联网人才的需求量爆棚。

因此，在向互联网保险的巨大蛋糕飞奔的过程中，众多机构和企业开始抢夺人才，由此，一场轰轰烈烈的互联网保险人才大战拉开了序幕。

事实上，在互联网时代，人们对保险的诉求方式越来越多，保险产品层出不穷。但是能做到既可以设计出新颖的保险产品，又能够切实满足人们的保险需求，还能够给参与方带来实际的利益，需要更多的互联网保险人才才能将其变为现实。只有这样，无论是电商还是保险公司，才能够在互联网保险行业赚得盆满钵满。

第七章

互联网金融未来之路在何方

本章重点导读

☆2015年7月相继颁布的有关互联网金融发展的三部相关法令，对于促进我国整体金融行业发展具有重要的推动作用。2015年可以被看作是互联网金融监管元年，三部监管法的落地，让我国互联网金融的未来不可限量。

☆随着互联网技术、物联网、云计算、大数据等在金融领域的不断深入渗透，智慧金融的强大旋风必将刮过金融领域，成为互联网金融未来的发展趋势。

☆相信下一个20年，互联网金融必将以一种全新的姿态出现在我们的面前。我们需要更加理性地认识全新的互联网金融，也要用一种全新的心态迎接互联网金融可能出现的各种形态。

☆农村互联网化的发展已然成为时代的一种趋势，互联网端与手机移动端在农村地区的不断深入，使得互联网金融的潜力在农村地区不断释放，可以预见，在未来5年内，农村互联网金融发展将进入黄金期。

☆当前消费金融已经渗透到我们生活的方方面面，这是一场激烈的互联网金融战，然而更重要的是消费金融成为其主战场。可以预见，消费金融将成为当前和未来互联网金融的主流。

监管落地，让互联网金融的未来不可限量

近几年，我国互联网金融呈迅猛发展之势。越来越多的小微企业、中型企业向互联网金融领域挺进，实现了国家提倡的“大众创业、万众创新”。但与此同时也有不少互联网金融发展的风险和弊端不可避免地存在着。这些风险和隐患对于互联网金融向更深、更高层次发展具有一定的阻碍作用。但是2015年堪称互联网金融的规范年，各种与互联网金融有关的政策、指导意见等相继出台，对于互联网金融的健康发展具有不可估量的推动作用。

首先，2015年7月18日，国家正式颁布了《关于促进互联网金融健康发展的指导意见》（以下简称《指导意见》），该《指导意见》对于稳步提升互联网金融的发展具有重要的指导作用。《指导意见》的推出，填补了互联网金融监管上法律监管的空白，针对整个互联网金融行业提出了切实可行的制度规范，成为互联网金融发展方向的指南针。

1.《指导意见》中也明确了互联网金融的边界，使得互联网金融终于有法可依，从此摆脱了“监管真空”的尴尬头衔。并且，《指导意见》指出，发展互联网金融要遵循“依法监管、适度监管、分类监管、协同监管、创新监管”的原则。同时还在监管职责方面进行了明确规划：“人民银行负责互联网金融支付业务的监督管理；银监会负责包括

个体网络借贷和网络小额贷款在内的网络借贷以及互联网信托和互联网消费金融的监督管理；证监会负责股权众筹融资和互联网基金销售的监督管理；保监会负责互联网保险的监督管理。”

2. 对互联网金融领域新型业态 P2P 也做了重新定义，将其定义为“信息中介”。长期以来，P2P 行业并没有专门的规章制度进行规范，因此使其呈现出一片鱼龙混杂的景象。“跑路”问题频频出现，众多平台打着“信息中介”的旗号进行非法集资，使得整个 P2P 行业杂乱无章。《指导意见》对该局面进行全面管控，并逐渐趋于好转。

3. 值得一提的是，《指导意见》中将银行业务明确地界定为“存管”而非“托管”。所谓银行存管业务，是指银行对 P2P 平台的资金进行存放，平台可以随时将资金提走，但是银行没有任何监督资金流向的义务。托管业务则是指银行对平台的借款人和投资人分别开设账户，银行根据相关指令对资金的流向进行管控，而在整个流程中，平台没有任何接触资金的机会。

4. 在股权众筹方面，国家则高度重视，在《指导意见》中对股权众筹行业规定了明确的发展方向。这对于股权众筹的发展如虎添翼。在相关政策出台后，众多互联网股权众筹试点建立。预计 2015 年年底，互联网股权众筹平台将大幅筹建，数量将达到 50 家。

为了响应国家发展股权众筹的政策，小米众筹平台于《指导意见》出台后正式上线。事实上，早在 2014 年年底，众多行业大佬们已经在众筹领域大展拳脚，如京东、阿里、腾讯、平安等。然而，蚂蚁金服旗下的股权众筹平台——蚂蚁达客的建立，成为股权众筹领域中的一件具有重要意义的大事。因为蚂蚁达客是我国首例获得营业执照的股权众筹企业，堪称股权众筹企业正式入住互联网金融领域的里程碑。

《指导意见》成为我国互联网金融在未来发展道路上的指明灯，将把我国的互联网金融行业推到一个更高的发展阶段。

其次，在 2015 年 7 月 23 日，保监会印发了《互联网保险业务管理暂行办法》（以下简称《管理暂行办法》），主要针对经营险种、经营主体、经营行为等互联网保险业务的具体经营事宜进行了具体规定。虽然该《管理暂行办法》从 2015 年 10 月 1 日开始执行，但是这对于互联网保险未来的发展具有举足轻重的意义。

1. 明确险种范围。《管理暂行办法》将险种范围进行了划分："人身意外伤害保险、定期寿险和普通型终身寿险；投保人或被保险人为个人的家庭财产保险、责任保险、信用保险和保证保险；能够独立、完整地通过互联网实现销售、承保和理赔全流程服务的财产保险业务；中国保监会规定的其他险种。"

2. 明确了经营主体。《管理暂行办法》扶正了保险中介机构的定义，并且将自建平台、第三方平台、第三方合作平台之间的关系进行了详细的区分。此外还规定第三方网络平台如果要经营开展保险销售、承保、理赔等保险互动，必须要建立在获得了保险业务经营资格的基础上才能进行。该项规定实际上从另一个侧面可以看出，国家对互联网保险的经营门槛有了一定的限制，并不是任何人在任何条件下都可以进行保险经营。

3. 细化了经营行为。《管理暂行办法》的细化对象主要包括经营条件、信息披露、经营规则几方面。

如果说《关于互联网金融健康发展指导意见》在宏观上奠定了互联

网保险的基础，那么《互联网保险业务管理暂行办法》则从微观上对互联网保险经营监管进行了细化。二者相辅相成，有助于我国互联网保险在合法发展的道路上快速前行。

最后，2015 年 7 月 31 日，国家又向社会公开发布了《非银行支付机构网络支付业务管理办法（征求意见稿）》（以下简称《征求意见稿》），着重对我国第三方支付的业务范围。客户管理、业务管理、风险管理与客户权益保护、监督管理、法律责任等多方面做出了明确的规定。

1. 从新确立监管范围。《征求意见稿》中指出，银行依然是未来的支付核算的核心，第三方支付只能与银行的支付清算形成互补，第三方支付不可逾越该范围。第三方支付不可银行化、银联化。此外，还对第三方支付的交易金额进行了限制，具体内容已在第四章中有相应的介绍，此处不再赘述。

2. 第三方支付面临大洗牌。《征求意见稿》中的内容明确了第三方支付构建独立账户的盈利路径，并将第三方支付经营技术门槛相应提高。在这次洗牌中，拥有网上银行牌照的第三方支付公司具有很大的竞争优势。另外，《征求意见稿》还对开立综合类账户的用户进行了多重严格的规定："对于支付机构仅以非面对面方式核实身份，且通过三个（含）以上、五个以下合法安全的外部渠道对身份基本信息完成多重交叉验证的个人客户，支付机构可为其开立消费类支付账户，支付账户余额仅可用于消费以及转账至客户本人同名银行账户。"在这种规定下，第三方支付的市场份额严重缩水，而其缩水部分恰好成了银行的盈利部分。

《征求意见稿》的颁布，实际上意味着第三方支付市场份额面临严重缩水，但从国家整体的金融市场来看，这样的监管制度有利于国家整体互联网金融的布局以及第三方支付和银行机构的协同发展。

综上所述，2015 年 7 月份相继颁布了有关互联网金融发展的三部相关法令，对于促进我国整体金融行业发展具有重要的推动作用。三部监管法的落地，让我国互联网金融的未来不可限量。

智慧金融——互联网金融未来的趋势

随着2008年11月IBM提出“智慧地球”概念之后，近几年各种“智慧+”的新名词层出不穷，如智慧城市、智慧交通、智慧医疗、智慧金融等。智慧金融也从此成为互联网金融领域中的热点话题。

简单而言，金融是指资金的融通，而智慧金融就是指资金更迅速、更高效、更安全地进行流通。实际上，智慧金融是信息化社会的必然产物，是传统金融在社会化网络、物联网、云计算等技术的基础上结合金融体系和商业模式而产生的金融变革，这种金融变革使得资金融通能够变得更加顺畅，使得配置变得更加合理化，使得用户使用变得更加安全化。智慧金融从本质上而言是在互联网时代，传统金融服务向更高一层的演化。换句话说，智慧金融实际上是互联网金融发展的更高阶段。

目前，诸多企业已经看准了互联网金融未来的发展前景，开始向智慧金融方向发展。

广发银行向智慧金融发展。在智慧金融发展阶段，一方面实现了零售业务不断攀升。通过为客户提供个性化，差异化互联网金融服务，使得客户更加愿意加入其银行业务与其合作，最终实现了客户财富总额的大幅提升。也促使了广发银行全面打造全新的零售业务作业模式来迎合互联网金融的发展趋势。另一方面，真正实现了传统银行向互联网金融的转型。广发银行在互联网的基础上，建立了云金融服务平台，实现了证券、基金、保险、信托等业务的同台共生，为客户提供了全能的交易平台和多维度的增值服务。

华夏银行也在2014年全面推出“智慧电子银行”，旗下业务包括智慧网银、智慧移动银行、智慧客户等多种智慧型服务，从而引领其客户全面进入“智慧金融生活时代”。

发展智慧金融，对整个金融领域，尤其是互联网金融领域具有重要意义。

1. 预警风险并提升用户体验。智慧金融拥有全面的数据库，包括资金流向数据、转化效率数据等，因此可以真实地反映金融的发展动态，便于更加透彻地了解互联网金融发展的现状、存在的问题以及发展趋势。与此同时，智慧金融拥有的海量数据还能更好地对风险进行评估，更加精准、快捷地预测各种风险，有效地实现了风险调控。不但如此，智慧金融的大数据也为互联网金融实现个性化产品和服务提供了更加有力的依据，带来了更加优质的互联网金融服务，从而更深层次地提升了用户体验。

招商银行推出了“智慧供应链金融平台”，通过获取各类信息，对这些数据信息进行分析和处理后，实现了将单个企业的不可控风险转化为其自身作为供应链金融平台的整体风险。并在此平台上对各种数据信息进行资源整合，实现了物流链、资金链、信息链的优化，为诸多大型企业和上下游企业提供了专业化、定制化的互联网金融服务。

2. 大幅降低成本。智慧金融通过网络虚拟化的方式实现了金融企业的在线业务，从而降低了实体营业网点的数量，有效地降低了房屋租金、管理成本、雇用人员成本等。此外，虚拟化在线服务无须向实体营业网点一样配置大型设备和软件，而是在云计算的基础上将金融服务呈现给用户，从而免去了设备购买成本和维修成本。

3. 拓展企业融资渠道。金融机构具有多样化的特点，这使得众多中小企业找到了更适合自身发展的融资渠道，并朝着这个方向将融资渠道进行进一步拓展，如创业投资、股权融资、小额贷款、租赁等，都属于中小型企业进行拓展的融资渠道。

4. 促进产品和服务的创新发展。智慧金融能够借助行业信息，高效识别资金需求项目的优劣以及是否存在巨大的发展潜能，从而将资金流引向最有发展前景的项目，最终促进该项目产品和服务的创新发展。

2015 年 9 月 11 日至 13 日，第五届中国智慧城市技术与应用产品博览会在宁波举行。该博览会主要向民众展示以技术创新为指导，以智慧城市为基础的前沿科技和实际应用成果。最重要的是，还推出与互联网、物联网、云计算、大数据为基础的智能制造、工业互联网和智慧金融产品。本次博览会推出智慧金融产品的展示，充分表明我国正逐渐开始向智慧金融领域迈进。

相信，随着互联网技术、物联网、云计算、大数据等在金融领域的不断深入，智慧金融的强大旋风必将刮过整个金融领域，成为互联网金融未来的发展趋势。

下一个 20 年：畅想互联网金融的未来

在过去的 20 年里，传统银行是整个金融领域的霸主产业，所有的资金流向都必须经过银行才能完成。然而，随着互联网技术的出现与飞速发展，传统银行统领金融领域的霸主地位也逐渐被淡化。金融领域的新贵——互联网金融的崛起，使得传统银行受到了前所未有的巨大挑战。

如今，借助于互联网的快捷、免费等特点，互联网金融也表现出了服务模式多样化、服务效率高效化、服务速度快捷化的特点，也正是这些特点赢得了越来越多用户的青睐。诸多互联网金融企业迅速崛起：余额宝、微信支付、腾讯基金超市、新浪微博钱包、京东供应链金融，各个互联网巨头纷纷以一种低调而又迅猛的速度逐渐向互联网金融领域挺进。因此，互联网金融呈现出一派繁花似锦的兴盛局面。

那么，接下来的 20 年时间里，互联网金融会有什么样的未来呢？

一、互联网金融向多元化发展

目前，几乎几百年前的所有行业都发生了翻天覆地的变化，有的甚至演变得面目全非，但是作为银行来讲，其基本制度和运营逻辑没有太大的变化，但根据事物发展的一般规律来看，每经历一段时间的发展之后，万事万物的形态都会发生或大或小的变化，银行作为万物中的一种，也势必会发生一定的变化，甚至是脱胎换骨的变化。可以说，目前银行正在酝酿一场前所未有的巨大变革。

2013年余额宝的出现让互联网金融的发展迈进了一大步，这也使得传统银行猝不及防。余额宝对传统银行的挑战并不仅仅是产品和利息的挑战，而是传统银行以往并不关注的创新思维和创新服务，余额宝的便捷性服务、为客户带来的完美体验等是银行所没有的。

如今，腾讯和阿里巴巴已经获得国家批准的银行牌照。这对于互联网金融来说，既是一个全新的发展起点，又是一个推动互联网金融向前迈进一大步的光辉里程碑。尤其是阿里巴巴，将支付宝、余额宝、蚂蚁小贷等诸多业务纳入蚂蚁金服（原名阿里金融）旗下，使得蚂蚁金服的规模更加壮大，服务种类更加多元化。然而，阿里巴巴做金融的真正优势并不仅仅是其庞大的客户量，对于金融业来讲，其本质也是一种信息产业，阿里巴巴的真正优势在于能够获取客户身份信用记录的真实信息以及监控客户的交易行为和踪迹，这是传统银行所无法企及的。

目前，互联网金融已经有了很多个金融形态：众筹、P2P网贷、大数据金融、第三方支付、证券、信托、基金等。相信，随着互联网的进一步发展，互联网金融会有更多形式出现。未来，互联网金融将有更加广阔的发展前景，越来越多的中小金融企业和机构将向互联网金融行业转变，并且这些金融企业和机构必将向多元化发展。

二、互联网金融向小型化、社区化、智能化发展

所谓“浓缩的就是精华”。未来，互联网金融机构或许已经不再像

现在一样拥有如此庞大的业务办理场所，而是向小型化发展，“麻雀虽小五脏俱全”，小型化也必然是一种趋势。

如今，优质、高效的服务便是王道。各行各业都为用户提供上门服务，因此，“服务到家”便成为当下为用户提供服务的一种趋势。

在未来，这种趋势必将更加盛行。或许在未来，你无须大老远地跑去银行、证券所等办理自己所需业务，而是在你家楼下就可以将所需业务办妥，互联网金融服务社区化将给用户带来更加便利的服务体验。社区也是实现互联网金融小型化的最优选择。

在未来，智能化是整个时代的发展趋势，互联网金融的业务办理也将向智能化方向发展，届时，将会更大程度地提升互联网金融的服务效率。

三、互联网金融的高度发展使得一个账户就能搞定所有金融问题

在未来，消费者无须手持有一张金融机构下发的金融卡，而是只需开一个账户，就可以通过互联网快速实现银行转账、银行汇款、购买互联网保险、购买证券、购买基金、办理信托……那时候，消费者就不用像现在一样拿一个大大的钱包，里边装满了各个银行的银行卡，既省去了拿沉甸甸钱包的烦琐，又可以通过互联网实现业务快速办理，既可以节省银行卡成本，又可以高效完成一站式服务，可谓一举多得。

未来这种一个账户完成多种需求的互联网金融服务方式，可以同时从事银行、证券、保险、理财等多种经营活动。通过这种经营模式，可以实现内部资源共享、提高业务办理效率，最重要的是能够满足客户日益多样化的服务需求，从而帮助金融服务企业最大限度地赢得市场份额。

目前，平安集团已经获得了国家颁发的银行、保险、信托、证券等

多个金融牌照，这使得平安集团的金融进入了 2.0 时代。与 1.0 时代相比，平安集团在 2.0 时代的最大特点在于：集团考虑的问题已经不再是如何能够让客户更加方便地买到自己需要的产品，而是如何才能帮助顾客更好地找到其需要的东西。因此，在 2.0 时代，平安注重的是让客户通过同一账户获得更加丰富的产品，只要用户在平安集团注册账户，便可以享受平安集团提供的各种金融服务。

在未来，“得账户者得金融”。通过一个账户便可以打通互联网金融领域的各个支付渠道，这种一个账户在手解决多个问题的方式极大地提高了金融服务效率。

相信下一个 20 年，互联网金融必将以一种全新的姿态出现在我们的面前。我们需要更加理性地认识全新的互联网金融，也要用一种全新的心态迎接互联网金融可能出现的各种形态。

农村互联网金融成为下一个蓝海市场

互联网时代推动了农村互联网金融的发展，使得广大农民得以享受改革红利。随着国家政策的不断扶持，农村互联网金融正逐渐成为新的蓝海市场。

麦肯锡公司发布中国银行业创新报告中显示："截至2015年年底，中国互联网金融的市场规模达到了12万亿元至15万亿元，占GDP的近20%。而互联网金融用户人数也超过5亿人，成为世界第一。"

另外，根据中国社科院农村发展研究所调查显示："在中国农村，16.8%的人认为需要钱，56.8%的人表示资金很紧张，而农户认为农村贷款不便利的占69.6%。"

来自以岭研究院数据中心的监测显示："截至2016年5月31日，我国P2P借贷平台共4565家，其中正常运营的平台所占百分比不到50%，剩下的2000余家平台中各家模式不一，其中做农村金融的很少。业内人士普遍认为，农村金融实践难，耗时耗资，不是上乘之举。"

以上三组数据向我们充分表明，当前我国的农村金融还有很多未开垦的地方，因此我国农村互联网金融潜力巨大。

何为农村互联网金融？其实，农村互联网金融简单来讲就是，以互联网为依托的金融行业或者平台为农村服务。换句话说，农村互联网金融的目的就是使农民可以通过网络借到资金。

互联网金融平台是利用大数据征信技术，整合了农村居民的消费、资产、投资等信息，结合市场信息状况，分析得出用户的信用等级。虽然互联网金融平台并不能完全解决农民的征信问题，但是在一定程度上降低了平台的风险。农民通过互联网金融平台可以实现借贷。当前，很多互联网金融平台已经开始全面布局农村市场。

以阿里巴巴旗下的蚂蚁金服为例。2016 年 4 月，蚂蚁金服完成了 B 轮融资，融资金额为 45 亿美元，并且蚂蚁金服当前已经与 2300 多家农村金融机构联手，一方面为农村用户开通线上支付通道，使得农村用户在线上、线下购物、生活支付更加便捷，很好地满足了其商品和支付的需求；另一方面对接金融机构和农户，为农户提供消费、农资购买等信贷需求。目前，蚂蚁金服已经逐渐向农村渗透，在不久的将来，蚂蚁金服必将在农村这片广阔的市场中获得巨大的收益。

一、顺应市场，互联网金融盘活农村金融

一直以来，我国农村金融是我国金融体系中薄弱的环节，农村金融服务质量和效率不能够完全满足农村经济社会发展和农民多元化服务需求。互联网金融是当前“互联网＋金融”的产物，是一种新型的金融模式，互联网金融顺应当前农村金融市场的需求，也给农村金融带来了全新的变化。特别是互联网金融能够针对性地激发农村消费市场的活力，为农村更有效地开展好金融服务提供了更加广阔的空间。

二、扎实产业链，拓展农村消费金融

在互联网金融浪潮下，我国金融逐渐迈向零售行业成为不可逆转的趋势。当前，通过刺激消费拉动内需，已经成为我国经济的重要动力。根据相关机构统计显示，当前消费信贷在整个金融机构中所发放信贷的比重占5%左右，预计到2019年规模将超过十几万亿。可以预见，消费金融成为当前金融领域十分看好的产业。农村金融是当前阿里巴巴、京东等互联网巨头积极布局的重要领域。

2014年，阿里巴巴集团推出了“千县万村”计划，将目光放在了拥有十几亿农村用户的电商市场，建立了1000个县级运营中心和110万个村级服务站。2015年11月，服务站演变为网商银行布局农村的重要渠道，这样，那些有贷款需求的农民可以直接去当地农村淘宝服务站，就可以进行无抵押、无担保纯信用贷款。

2015年10月，京东农村信贷品牌“京农贷”上线，并且将山东和四川仁寿作为了试点，以解决农户农资采购难、农产品销售难的问题。除了“京农贷”解决涉及农企业融资问题外，京东金融还通过农村支付、乡村白条等布局农村消费金融市场。

淘宝和京东等电商平台逐渐向农村渗透，预示着农村消费金融必将成为互联网金融领域的下一个风口。

三、人人受益，把普惠金融带到农村

农村地区往往是金融服务的盲区和死角，往往是互联网金融全面布局金融服务所容易忽视的地方，然而农村存在着巨大的金融需求，现代金融的发展使得普惠金融成了现实，农民可以足不出户就能够缴纳各种费用并且领取补助，惠农利农的金融服务在农村与城市之间搭起了一座桥梁，从而实现了人人受益。

把普惠金融带到农村将给农村金融的发展带来巨大的进步，主要体现在以下几个方面：

1. 农村社会诚信体系将得以重构，农村金融生态步入正轨。农村发展互联网状态下，农户以及合作社、家庭农场、小微企业等各类经济驻地的各类商务信息、参与公共事务的信息、信用信息等，将被系统地记录和反映，从而保持各类活动中的诚信，不但有机会获得更多参与市场交易的机会，还有利于获得银行融资。因此诚信将成为农村社会的生存资本。

2. 随着农村互联网化的不断推进，与农村电子商务、农村发展相关联的第三方支付、互联网信贷、众筹等各种互联网金融模式，将逐渐进入农村领域，这样，农民在进行各种金融活动的时候，就可以有更多选择。

3. 互联网时代，金融机构、互联网企业之间跨界竞争越来越激烈，这必然提升农村互联网金融的覆盖率，诸多非现金业务通过移动终端完成，不但有利于金融服务在农村中降低成本，而且有效提升了服务效率，更重要的是农民可以随时随地地进行业务自主办理，使得农民获得了更好的支付体验。

由此可见，推进农村发展互联网，为农村互联网金融带来发展契机。农村互联网化的发展已然成为时代的一种趋势，互联网端与手机移动端在农村地区不断深入，使得互联网金融的潜力在农村地区不断释放，可以预见，在未来 5 年内，农村互联网金融发展将进入黄金期。

消费金融成互联网金融主战场

当前，虽然我国消费金融市场依然处于起步阶段，但是发展前景非常广阔，消费金融试点在我国已经遍地开花，很大程度上提升了我国消费金融市场的活跃度。并且有众多企业开始着手布局消费金融，使得消费金融成互联网金融的主战场。

2015年“双十一”期间的相关权威数据显示：“蚂蚁花呗实现2288万笔支付，约占支付总笔数的1/5；京东白条在双十一开启35分钟后便实现交易额破亿。”同月23日，国务院印发了《关于积极发挥新消费引领作用加快培育形成新供给新动力的指导意见》，并再次提出：“鼓励符合条件的市场主体成立消费金融公司，将消费金融公司试点范围推广至全国。”2016年5月19日，中国国际消费金融发展大会召开，对消费金融行业的发展痛点和机会进行深入探讨。这些都表明，当下和未来，消费金融利于释放消费潜力，促进消费升级。这也正是消费金融在我国受到多方重视的原因。

那么什么是消费金融呢？有别于一般的个人信贷，消费金融通常面对的是那些信用记录缺失、难以从传统金融机构获得金融服务的人群，如农民、进城务工人员、在校大学生等，在购买手机、电脑等个人耐用消费品，以及培训、游泳、装修等消费方面获得资金支持。从这个层面上来看，消费金融实际上是普惠金融的重要组成部分。消费金融的重点服务对象是那些低收入人群。

当下，消费金融作为互联网金融的主战场主要体现在以下几方面的争夺：

一、消费场景金融服务争夺

近年来，消费金融成为我国金融市场的一大亮点，无论是政府部门还是商业银行，抑或是消费金融公司、互联网公司，都将消费金融看作一片新蓝海去开垦和挖掘。然而，对于消费金融的发展方向，业内持有不一致的观点和看法。很多人往往用传统银行个人金融业务或消费信贷的思维来理解消费金融，并根据该种理解方式来设计消费金融精英模式和相关产品与服务。其实，消费金融并不是传统银行个人金融互动就能够覆盖的，也并不是简单地等同于消费信贷，其核心实际上是消费场景金融服务。

二、综合消费金融成为P2P信贷主流

当前，我国消费信贷在信贷结构中所占百分比约为20%，而在如美国这样信贷发达的市场中，这一比例超过了60%，是远远高于中国的。以我国人口基数来看，当前我国消费信贷还有很大的提升空间。P2P信贷平台进军消费金融具有以下几个优势：

1. 消费金融对于P2P来讲具有很高的风险系数，只有拥有庞大的风控体系才能将风险系数降到最低。

以拍拍贷为例。拍拍贷通过8年的数据积累与反复修整，建立了一套完整的风控流程，其中包括反欺诈系统、信用评级系统模型、基于信用评级的风控定价模型，这一系统很好地降低了风险系数。

2. 目前国内的现有消费金融生态中，消费金融公司数量是十分有限的，因此，国家鼓励扩大消费金融试点，并且当前整体的服务范围和能力都还有待提升。

3. 从整个消费金融生态来看，P2P综合消费金融包括房贷、车贷、医疗贷等，因此给消费者提供了更多的选择。金融理财与其他商品不同，很多消费者一旦选择了某个平台，几乎是只忠于同一平台，不会轻易更换。

三、旅游消费金融城市场新发力点

目前，去哪儿网、途牛等旅游平台与兴业银行、中国银行等金融机构强强联合，共同推出了旅游金融分期消费，旅游消费金融成为当前旅游平台竞争的新焦点。

1. 从消费者需求方面看，很多人希望去自己想去的地方旅游，但是经费不足成了最大的阻碍，然而旅游金融分期消费就是站在这类旅游消费者的立场上为其满足旅游需求。

2. 从旅游类平台方面来看，如去哪儿网、途牛等大旅游平台存在的最大问题就是亏损问题。然而旅游金融的出现正好帮助其扭转困局，让其看到了新的利益增长点，如旅游保险、旅游理财等，为在线旅游平台带来了更多的利润空间。

3. 从旅游服务方面来看，旅游金融消费实际上是在线旅游服务的一种补充。如去哪儿网、驴妈妈、途牛等平台推出了各自的旅游消费金融形势，更好地增加了用户黏性和用户忠诚度。

四、电商消费金融成为巨头争夺的焦点

当前国内较大的电商平台天猫、京东、苏宁都分别推出了消费金融：京东的京东白条、阿里巴巴的天猫分期和花呗、苏宁易购的任性付和零钱袋。

虽然巨头在进军消费金融领域都有着各自的优势和特点，但是他们的消费金融还只是建立在电商平台的基础上，在其他很多的垂直细分领域依然没有涉足，这也就意味着他们对其他的消费金融市场不会产生威胁。

五、医疗消费金融成为医保的补充

很多人因为经济负担而无法支付起医疗费用，而分期医疗付费为这些经济困难的人解了燃眉之急。因此，可以说医疗消费金融是一件利国利民的事情，但基于当前国内医疗消费金融还尚未普及，要让医疗消费金融顺利进行，还需要医院与多方金融机构共同配合，共同推进。

六、房产消费金融一片红海

房产消费金融平台目前较其他行业居多，如好房宝、搜房宝、家分期、土巴兔等。另外，传统银行也都一直在房产金融领域深耕细作，如租房金融、二手房金融、装修金融、链家地产的理房通等。因此，从当前消费金融的规模来看，房产消费金融的规模堪称最大，但竞争激烈程度也为最大。

七、汽车消费金融需突破 4S 店瓶颈

与房产消费金融一样，汽车消费金融也为诸多购买汽车的消费者提供了很大的便利。当前，有诸多汽车交易平台出现，如汽车之家、易车网、天茂汽车等，都推出了汽车消费金融，消费者在购买新车或二手车的时候都可以进行贷款消费。

据相关数据统计，2014 年，我国汽车金融市场规模为 4000 亿元到 5000 亿元。2015 年，中国汽车消费金融市场余额达到 6700 亿元。这些数据足以告诉我们，汽车消费金融市场规模非常巨大。互联网汽车消费金融正受到众多汽车爱好者的青睐和认可，可以预测，未来汽车消费金融很可能会成为汽车金融的主流。

但是，对于互联网汽车消费金融平台来讲，他们所面临的竞争对手不断包括同与银行之间的竞争，同时也受到传统汽车厂商的影响。目前在汽车金融市场中，消费者购买汽车的渠道大多数选择线下，因此，就决定了汽车消费金融的方式也都是在线下 4S 店内进行，而不是通过互联网平台完成。这就使得互联网汽车消费金融很难将消费者的消费习惯逐渐引导到线上，这也正是当前汽车消费金融需要突破的瓶颈。

八、农村消费金融大有可为

随着农民收入不断增长，我国农民的消费观念也有很大的转变，加之我国农村社会保障体系逐渐完善，农民对于消费金融的需求也就越来越强烈，因此使得农村消费市场规模逐渐扩大。前面一节中，我们也讲

过与农村消费金融在互联网巨头的助推下飞跃发展。因此，可以说在未来，农村消费金融将大有可为。

从以上几个方面我们看到，当前消费金融已经渗透到了我们生活中的方方面面，这是一场激烈的互联网金融战，然而更重要的是消费金融成为其主战场。可以预见，消费金融将成为当前和未来互联网金融的主流。

附录Ⅰ：《非银行支付机构网络支付业务管理办法》

出台背景：

近年来，支付机构大力发展网络支付服务，促进了电子商务和互联网金融的快速发展，对支持服务业转型升级、推动普惠金融发挥了积极作用。但同时，支付结构的网络支付业务也面临不少严峻的问题和风险：1. 客户身份识别机制不够完善，为欺诈、套现、洗钱等风险提供了可乘之机。2. 以支付账户为基础的跨市场业务快速发展，从而沉淀了大量客户资金，加大了资金流动性管理压力和跨市场交易风险。3. 风险意识相对薄弱，在客户资金安全和信息安全保障机制等方面存在一定的欠缺。4. 客户权益保护亟待加强，存在夸大宣传、虚假承诺、消费者维权难等问题。因此，人民银行特针对这些问题颁布了《非银行支付机构网络支付业务管理办法》，从而对网络支付业务进行全面规范，防范支付风险，保障用户合法权益，为网络支付创造一个更加健康的发展环境。

《非银行支付机构网络支付业务管理办法》的具体内容如下：

《非银行支付机构网络支付业务管理办法》

第一章　总则

第一条　为规范非银行支付机构（以下简称支付机构）网络支付业务，防范支付风险，保护当事人合法权益，根据《中华人民共和国中国人民银行法》、《非金融机构支付服务管理办法》（中国人民银行令〔2010〕第 2 号发布）等规定，制定本办法。

第二条　支付机构从事网络支付业务，适用本办法。本办法所称支付机构是指依法取得《支付业务许可证》，获准办理互联网支付、移动电话支付、固定电话支付、数字电视支付等网络支付业务的非银行机构。本办法所称网络支付业务，是指收款人或付款人通过计算机、移动终端等电子设备，依托公共网络信息系统远程发起支付指令，且付款人电子设备不与收款人特定专属设备交互，由支付机构为收付款人提供货币资金转移服务的活动。本办法所称收款人特定专属设备，是指专门用于交易收款，在交易过程中与支付机构业务系统交互并参与生成、传输、处理支付指令的电子设备。

第三条　支付机构应当遵循主要服务电子商务发展和为社会提供小额、快捷、便民小微支付服务的宗旨，基于客户的银行账户或者按照本办法规定为客户开立支付账户提供网络支付服务。本办法所称支付账户，是指获得互联网支付业务许可的支付机构，根据客户的真实意愿为其开立的，用于记录预付交易资金余额、客户凭以发起支付指令、反映交易明细信息的电子簿记。支付账户不得透支，不得出借、出租、出售，不得利用支付账户从事或者协助他人从事非法活动。

第四条　支付机构基于银行卡为客户提供网络支付服务的，应当执行银行卡业务相关监管规定和银行卡行业规范。支付机构对特约商户的拓展与管理、业务与风险管理应当执行《银行卡收单业务管理办法》（中国人民银行公告〔2013〕第 9 号公布）等相关规定。支付机构网络支付服务涉及跨境人民币结算和外汇支付的，应当执行中国人民银行、国家外汇管理局相关规定。支付机构应当依法维护当事人合法权益，遵守反洗钱和反恐怖融资相关规定，履行反洗钱和反恐怖融资义务。

第五条　支付机构依照中国人民银行有关规定接受分类评价，并执行相应的分类监管措施。

第二章　客户管理

第六条　支付机构应当遵循“了解你的客户”原则，建立健全客户身份识别机制。支付机构为客户开立支付账户的，应当对客户实行实名制管理，登记并采取有效措施验证客户身份基本信息，按规定核对有效身份证件并留存有效身份证件复印件或者影印件，建立客户唯一识别编码，并在与客户业务关系存续期间采取持续的身份识别措施，确保有效核实客户身份及其真实意愿，不得开立匿名、假名支付账户。

第七条　支付机构应当与客户签订服务协议，约定双方责任、权利和义务，至少明确业务规则（包括但不限于业务功能和流程、身份识别和交易验证方式、资金结算方式等），收费项目和标准，查询、差错争议及投诉等服务流程和规则，业务风险和非法活动防范及处置措施，客户损失责任划分和赔付规则等内容。支付机构为客户开立支付账户的，还应在服务协议中以显著方式告知客户，并采取有效方式确认客户充分知晓并清晰理解下列内容："支付账户所记录的资金余额不同于客户本人的银行存款，不受《存款保险条例》保护，其实质为客户委托支付机构保管的、所有权归属于客户的预付价值。该预付价值对应的货币资金虽然属于客户，但不以客户本人名义存放在银行，而是以支付机构名义存放在银行，并且由支付机构向银行发起资金调拨指令。"支付机构应当确保协议内容清晰、易懂，并以显著方式提示客户注意与其有重大利害关系的事项。

第八条　获得互联网支付业务许可的支付机构，经客户主动提出申请，可为其开立支付账户；仅获得移动电话支付、固定电话支付、数字电视支付业务许可的支付机构，不得为客户开立支付账户。支付机构不得为金融机构，以及从事信贷、融资、理财、担保、信托、货币兑换等金融业务的其他机构开立支付账户。

第三章　业务管理

第九条　支付机构不得经营或者变相经营证券、保险、信贷、融资、理财、担保、信托、货币兑换、现金存取等业务。

第十条　支付机构向客户开户银行发送支付指令，扣划客户银行账户资金的，支付机构和银行应当执行下列要求：（一）支付机构应当事先或在首笔交易时自主识别客户身份并分别取得客户和银行的协议授权，同意其向客户的银行账户发起支付指令扣划资金；（二）银行应当事先或在首笔交易时自主识别客户身份并与客户直接签订授权协议，明确约定扣款适用范围和交易验证方式，设立与客户风险承受能力相匹配的单笔和单日累计交易限额，承诺无条件全额承担此类交易的风险损失先行赔付责任；（三）除单笔金额不超过200元的小额支付业务，公共事业缴费、税费缴纳、信用卡还款等收款人固定并且定期发生的支付业务，以及符合第三十七条规定的情形以外，支付机构不得代替银行进行交易验证。

第十一条　支付机构应根据客户身份对同一客户在本机构开立的所有支付账户进行关联管理，并按照下列要求对个人支付账户进行分类管理：（一）对于以非面对面方式通过至少一个合法安全的外部渠道进行身份基本信息验证，且为首次在本机构开立支付账户的个人客户，支付机构可以为其开立Ⅰ类支付账户，账户余额仅可用于消费和转账，余额付款交易自账户开立起累计不超过1000元（包括支付账户向客户本人同名银行账户转账）；（二）对于支付机构自主或委托合作机构以面对面方式核实身份的个人客户，或以非面对面方式通过至少三个合法安全的外部渠道进行身份基本信息多重交叉验证的个人客户，支付机构可以为其开立Ⅱ类支付账户，账户余额仅可用于消费和转账，其所有支付账户的余额付款交易年累计不超过10万元（不包括支付账户向客户本人同名银行账户转账）；（三）对于支付机构自主或委托合作机构以面对面方式核实身份的个人客户，或以非面对面方式通过至少五个合法安全的外部渠道进行身份基本信息多重交叉验证的个人客户，支付机构可以为其开立Ⅲ类支付账户，账户余额可以用于消费、转账以及购买投资理财等金融类产品，其所有支付账户的余额付款交易年累计不超过20万元（不包括支付账户向客户本人同名银行账户转账）。客户身份基本信息外部验证渠道包括但不限于政府部门数据库、商业银行信息系统、商业化数据库等。其中，通过商业银行验证个人客户身份基本信息的，应为Ⅰ类银行账户或信用卡。

第十二条　支付机构办理银行账户与支付账户之间转账业务的，相关银行账户与支付账户应属于同一客户。支付机构应按照与客户的约定及时办理支付账户向客户本人银行账户转账业务，不得对Ⅱ类、Ⅲ类支付账户向客户本人银行账户转账设置限额。

第十三条　支付机构为客户办理本机构发行的预付卡向支付账户转账的，应当按照《支付机构预付卡业务管理办法》（中国人民银行公告〔2012〕第12号公布）相关规定对预付卡转账至支付账户的余额单独管理，仅限其用于消费，不得通过转账、购买投资理财等金融类产品等形式进行套现或者变相套现。

第十四条　支付机构应当确保交易信息的真实性、完整性、可追溯性以及在支付全流程中的一致性，不得篡改或者隐匿交易信息。交易信息包括但不限于下列内容：（一）交易渠道、交易终端或接口类型、交易类型、交易金额、交易时间，以及直接向客户提供商品或者服务的特约商户名称、编码和按照国家与金融行业标准设置的商户类别码；（二）收付款客户名称，收付款支付账户账号或者银行账户的开户银行名称及账号；（三）付款客户的身份验证和交易授权信息；（四）有效追溯交易的标识；（五）单位客户单笔超过5万元的转账业务的付款用途和事由。

第十五条　因交易取消（撤销）、退货、交易不成功或者投资理财等金融类产品赎回等原因需划回资金的，相应款项应当划回原扣款账户。

第十六条　对于客户的网络支付业务操作行为，支付机构应当在确认客户身份及真实意愿后及时办理，并在操作生效之日起至少五年内，真实、完整保存操作记录。客户操作行为包括但不限于登录和注销登录、身份识别和交易验证、变更身份信息和联系方式、调整业务功能、调整交易限额、变更资金收付方式，以及变更或挂失密码、数字证书、电子签名等。

第四章 风险管理与客户权益保护

第十七条 支付机构应当综合客户类型、身份核实方式、交易行为特征、资信状况等因素，建立客户风险评级管理制度和机制，并动态调整客户风险评级及相关风险控制措施。支付机构应当根据客户风险评级、交易验证方式、交易渠道、交易终端或接口类型、交易类型、交易金额、交易时间、商户类别等因素，建立交易风险管理制度和交易监测系统，对疑似欺诈、套现、洗钱、非法融资、恐怖融资等交易，及时采取调查核实、延迟结算、终止服务等措施。

第十八条 支付机构应当向客户充分提示网络支付业务的潜在风险，及时揭示不法分子新型作案手段，对客户进行必要的安全教育，并对高风险业务在操作前、操作中进行风险警示。支付机构为客户购买合作机构的金融类产品提供网络支付服务的，应当确保合作机构为取得相应经营资质并依法开展业务的机构，并在首次购买时向客户展示合作机构信息和产品信息，充分提示相关责任、权利、义务及潜在风险，协助客户与合作机构完成协议签订。

第十九条 支付机构应当建立健全风险准备金制度和交易赔付制度，并对不能有效证明因客户原因导致的资金损失及时先行全额赔付，保障客户合法权益。支付机构应于每年1月31日前，将前一年度发生的风险事件、客户风险损失发生和赔付等情况在网站对外公告。支付机构应在年度监管报告中如实反映上述内容和风险准备金计提、使用及结余等情况。

第二十条 支付机构应当依照中国人民银行有关客户信息保护的规定，制定有效的客户信息保护措施和风险控制机制，履行客户信息保护责任。支付机构不得存储客户银行卡的磁道信息或芯片信息、验证码、密码等敏感信息，原则上不得存储银行卡有效期。因特殊业务需要，支付机构确需存储客户银行卡有效期的，应当取得客户和开户银行的授权，以加密形式存储。支付机构应当以“最小化”原则采集、使用、存储和传输客户信息，并告知客户相关信息的使用目的和范围。支付机构不得向其他机构或个人提供客户信息，法律法规另有规定，以及经客户本人逐项确认并授权的除外。

第二十一条 支付机构应当通过协议约定禁止特约商户存储客户银行卡的磁道信息或芯片信息、验证码、有效期、密码等敏感信息，并采取定期检查、技术监测等必要监督措施。特约商户违反协议约定存储上述敏感信息的，支付机构应当立即暂停或者终止为其提供网络支付服务，采取有效措施删除敏感信息、防止信息泄露，并依法承担因相关信息泄露造成的损失和责任。

第二十二条 支付机构可以组合选用下列三类要素，对客户使用支付账户余额付款的交易进行验证：（一）仅客户本人知悉的要素，如静态密码等；（二）仅客户本人持有并特有的，不可复制或者不可重复利用的要素，如经过安全认证的数字证书、电子签名，以及通过安全渠道生成和传输的一次性密码等；（三）客户本人生理特征要素，如指纹等。支付机构应当确保采用的要素相互独立，部分要素的损坏或者泄露不应导致其他要素损坏或者泄露。

第二十三条　支付机构采用数字证书、电子签名作为验证要素的，数字证书及生成电子签名的过程应符合《中华人民共和国电子签名法》、《金融电子认证规范》（JR/T0118-2015）等有关规定，确保数字证书的唯一性、完整性及交易的不可抵赖性。支付机构采用一次性密码作为验证要素的，应当切实防范一次性密码获取端与支付指令发起端为相同物理设备而带来的风险，并将一次性密码有效期严格限制在最短的必要时间内。支付机构采用客户本人生理特征作为验证要素的，应当符合国家、金融行业标准和相关信息安全管理要求，防止被非法存储、复制或重放。

第二十四条　支付机构应根据交易验证方式的安全级别，按照下列要求对个人客户使用支付账户余额付款的交易进行限额管理：（一）支付机构采用包括数字证书或电子签名在内的两类（含）以上有效要素进行验证的交易，单日累计限额由支付机构与客户通过协议自主约定；（二）支付机构采用不包括数字证书、电子签名在内的两类（含）以上有效要素进行验证的交易，单个客户所有支付账户单日累计金额应不超过 5000 元（不包括支付账户向客户本人同名银行账户转账）；（三）支付机构采用不足两类有效要素进行验证的交易，单个客户所有支付账户单日累计金额应不超过 1000 元（不包括支付账户向客户本人同名银行账户转账），且支付机构应当承诺无条件全额承担此类交易的风险损失赔付责任。

第二十五条　支付机构网络支付业务相关系统设施和技术，应当持续符合国家、金融行业标准和相关信息安全管理要求。如未符合相关标准和要求，或者尚未形成国家、金融行业标准，支付机构应当无条件全额承担客户直接风险损失的先行赔付责任。

第二十六条　支付机构应当在境内拥有安全、规范的网络支付业务处理系统及其备份系统，制定突发事件应急预案，保障系统安全性和业务连续性。支付机构为境内交易提供服务的，应当通过境内业务处理系统完成交易处理，并在境内完成资金结算。

第二十七条　支付机构应当采取有效措施，确保客户在执行支付指令前可对收付款客户名称和账号、交易金额等交易信息进行确认，并在支付指令完成后及时将结果通知客户。因交易超时、无响应或者系统故障导致支付指令无法正常处理的，支付机构应当及时提示客户；因客户原因造成支付指令未执行、未适当执行、延迟执行的，支付机构应当主动通知客户更改或者协助客户采取补救措施。

第二十八条　支付机构应当通过具有合法独立域名的网站和统一的服务电话等渠道，为客户免费提供至少最近一年以内交易信息查询服务，并建立健全差错争议和纠纷投诉处理制度，配备专业部门和人员据实、准确、及时处理交易差错和客户投诉。支付机构应当告知客户相关服务的正确获取途径，指导客户有效辨识服务渠道的真实性。支付机构应当于每年1月31日前，将前一年度发生的客户投诉数量和类型、处理完毕的投诉占比、投诉处理速度等情况在网站对外公告。

第二十九条　支付机构应当充分尊重客户自主选择权，不得强迫客户使用本机构提供的支付服务，不得阻碍客户使用其他机构提供的支付服务。支付机构应当公平展示客户可选用的各种资金收付方式，不得以任何形式诱导、强迫客户开立支付账户或者通过支付账户办理资金收付，不得附加不合理条件。

第三十条　支付机构因系统升级、调试等原因，需暂停网络支付服务的，应当至少提前5个工作日予以公告。支付机构变更协议条款、提高服务收费标准或者新设收费项目的，应当于实施之前在网站等服务渠道以显著方式连续公示30日，并于客户首次办理相关业务前确认客户知悉且接受拟调整的全部详细内容。

第五章　监督管理

第三十一条　支付机构提供网络支付创新产品或者服务、停止提供产品或者服务、与境外机构合作在境内开展网络支付业务的，应当至少提前30日向法人所在地中国人民银行分支机构报告。支付机构发生重大风险事件的，应当及时向法人所在地中国人民银行分支机构报告；发现涉嫌违法犯罪的，同时报告公安机关。

第三十二条　中国人民银行可以结合支付机构的企业资质、风险管控特别是客户备付金管理等因素，确立支付机构分类监管指标体系，建立持续分类评价工作机制，并对支付机构实施动态分类管理。具体办法由中国人民银行另行制定。

第三十三条　评定为“A”类且Ⅱ类、Ⅲ类支付账户实名比例超过95%的支付机构，可以采用能够切实落实实名制要求的其他客户身份核实方法，经法人所在地中国人民银行分支机构评估认可并向中国人民银行备案后实施。

第三十四条　评定为“A”类且Ⅱ类、Ⅲ类支付账户实名比例超过95%的支付机构，可以对从事电子商务经营活动、不具备工商登记注册条件且相关法律法规允许不进行工商登记注册的个人客户（以下简称个人卖家）参照单位客户管理，但应建立持续监测电子商务经营活动、对个人卖家实施动态管理的有效机制，并向法人所在地中国人民银行分支机构备案。支付机构参照单位客户管理的个人卖家，应至少符合下列条件：（一）相关电子商务交易平台已依照相关法律法规对其真实身份信息进行审查和登记，与其签订登记协议，建立登记档案并定期核实更新，核发证明个人身份信息真实合法的标记，加载在其从事电子商务经营活动的主页面醒目位置；（二）支付机构已按照开立Ⅲ类个人支付账户的标准对其完成身份核实；（三）持续从事电子商务经营活动满 6 个月，且期间使用支付账户收取的经营收入累计超过 20 万元。

第三十五条　评定为“A”类且Ⅱ类、Ⅲ类支付账户实名比例超过 95% 的支付机构，对于已经实名确认、达到实名制管理要求的支付账户，在办理第十二条第一款所述转账业务时，相关银行账户与支付账户可以不属于同一客户。但支付机构应在交易中向银行准确、完整发送交易渠道、交易终端或接口类型、交易类型、收付款客户名称和账号等交易信息。

第三十六条　评定为“A”类且Ⅱ类、Ⅲ类支付账户实名比例超过 95% 的支付机构，可以将达到实名制管理要求的Ⅱ类、Ⅲ类支付账户的余额付款单日累计限额，提高至第二十四条规定的 2 倍。评定为“B”类及以上，且Ⅱ类、Ⅲ类支付账户实名比例超过 90% 的支付机构，可以将达到实名制管理要求的Ⅱ类、Ⅲ类支付账户的余额付款单日累计限额，提高至第二十四条规定的 1.5 倍。

第三十七条　评定为“A”类的支付机构按照第十条规定办理相关业务时，可以与银行根据业务需要，通过协议自主约定由支付机构代替进行交易验证的情形，但支付机构应在交易中向银行完整、准确发送交易渠道、交易终端或接口类型、交易类型、商户名称、商户编码、商户类别码、收付款客户名称和账号等交易信息；银行应核实支付机构验证手段或渠道的安全性，且对客户资金安全的管理责任不因支付机构代替验证而转移。

第三十八条 对于评定为"C"类及以下、支付账户实名比例较低、对零售支付体系或社会公众非现金支付信心产生重大影响的支付机构，中国人民银行及其分支机构可以在第十九条、第二十八条等规定的基础上适度提高公开披露相关信息的要求，并加强非现场监管和现场检查。

第三十九条 中国人民银行及其分支机构对照上述分类管理措施相应条件，动态确定支付机构适用的监管规定并持续监管。支付机构分类评定结果和支付账户实名比例不符合上述分类管理措施相应条件的，应严格按照第十条、第十一条、第十二条及第二十四条等相关规定执行。中国人民银行及其分支机构可以根据社会经济发展情况和支付机构分类管理需要，对支付机构网络支付业务范围、模式、功能、限额及业务创新等相关管理措施进行适时调整。

第四十条 支付机构应当加入中国支付清算协会，接受行业自律组织管理。中国支付清算协会应当根据本办法制定网络支付业务行业自律规范，建立自律审查机制，向中国人民银行备案后组织实施。自律规范应包括支付机构与客户签订协议的范本，明确协议应记载和不得记载事项，还应包括支付机构披露有关信息的具体内容和标准格式。中国支付清算协会应当建立信用承诺制度，要求支付机构以标准格式向社会公开承诺依法合规开展网络支付业务、保障客户信息安全和资金安全、维护客户合法权益、如违法违规自愿接受约束和处罚。

第六章 法律责任

第四十一条 支付机构从事网络支付业务有下列情形之一的，中国人民银行及其分支机构依据《非金融机构支付服务管理办法》第四十二条的规定进行处理：（一）未按规定建立客户实名制管理、支付账户开立与使用、差错争议和纠纷投诉处理、风险准备金和交易赔付、应急预案等管理制度的；（二）未按规定建立客户风险评级管理、支付账户功能与限额管理、客户支付指令验证管理、交易和信息安全管理、交易监测系统等风险控制机制的，未按规定对支付业务采取有效风险控制措施的；（三）未按规定进行风险提示、公开披露相关信息的；（四）未按规定履行报告义务的。

第四十二条　支付机构从事网络支付业务有下列情形之一的，中国人民银行及其分支机构依据《非金融机构支付服务管理办法》第四十三条的规定进行处理；情节严重的，中国人民银行及其分支机构依据《中华人民共和国中国人民银行法》第四十六条的规定进行处理：（一）不符合支付机构支付业务系统设施有关要求的；（二）不符合国家、金融行业标准和相关信息安全管理要求的，采用数字证书、电子签名不符合《中华人民共和国电子签名法》、《金融电子认证规范》等规定的；（三）为非法交易、虚假交易提供支付服务，发现客户疑似或者涉嫌违法违规行为未按规定采取有效措施的；（四）未按规定采取客户支付指令验证措施的；（五）未真实、完整、准确反映网络支付交易信息，篡改或者隐匿交易信息的；（六）未按规定处理客户信息，或者未履行客户信息保密义务，造成信息泄露隐患或者导致信息泄露的；（七）妨碍客户自主选择支付服务提供主体或资金收付方式的；（八）公开披露虚假信息的；（九）违规开立支付账户，或擅自经营金融业务活动的。

第四十三条　支付机构违反反洗钱和反恐怖融资规定的，依据国家有关法律法规进行处理。

第七章　附则

第四十四条　本办法相关用语含义如下：单位客户，是指接受支付机构支付服务的法人、其他组织或者个体工商户。个人客户，是指接受支付机构支付服务的自然人。单位客户的身份基本信息，包括客户的名称、地址、经营范围、统一社会信用代码或组织机构代码；可证明该客户依法设立或者可依法开展经营、社会活动的执照、证件或者文件的名称、号码和有效期限；法定代表人（负责人）或授权办理业务人员的姓名、有效身份证件的种类、号码和有效期限。个人客户的身份基本信息，包括客户的姓名、国籍、性别、职业、住址、联系方式以及客户有效身份证件的种类、号码和有效期限。法人和其他组织客户的有效身份证件，是指政府有权机关颁发的能够证明其合法真实身份的证件或文件，包括但不限于营业执照、事业单位法人证书、税务登记证、组织机构代码证；个体工商户的有效身份证件，包括营业执照、经营者或授权经办人员的有效身份证件。个人客户的有效身份证件，包括：在中国境内已登记常住户口的中国公民为居民身份证，不满十六周岁的，为居民身份证或户口簿；香港、澳门特别行政区居民为港澳居民往来内地通行证；台湾地区居民为台湾居民来往大陆通行证；定居国外的中国公民为中国护照；外国公民为护照或者外国人永久居留证（外国边民，按照边贸结算的有关规定办理）；法律、行政法规规定的其他身份证明文件。客户本人，是指客户本单位（单位客户）或者本人（个人客户）。

第四十五条　本办法由中国人民银行负责解释和修订。

第四十六条　本办法自 2016 年 7 月 1 日起施行。

附录Ⅱ：《非银行支付机构风险专项整治工作实施方案》

出台背景：

随着信息技术的发展，对支付信息进行大量数据筛选、分析、挖掘、统计的需求和能力不断提高。支付交易产品沉淀的数据信息分析成为未来网络支付领域中的一个巨大金矿。支付安全问题成为影响客户交易的重要挑战。

一方面，当前网络支付的安全性影响整个支付行业的竞争力。由有其是在网络跨境支付发展到一定阶段之后，游戏规则以及安全要求发生了重大的变化。

另一方面，效率和安全的平衡是网络支付发展的核心内容。过于关注安全问题，会影响互联网金融企业的经营效率，同时也给用户带来极大不便；忽略安全同样会给商户、用户、支付企业带来不可估量的损失。

从这两点来看，人们不禁会提出以下两个问题：1. 网络支付是否会遇到以及如何避免？这是关乎中国当前互联网金融企业在国际中的竞争力和影响力的问题。2. 网络支付额效率和安全问题如何才能平衡？这是推动网络支付快速发展的重要因素。

基于这两点问题，国家颁布了《非银行支付机构风险专项整治工作实施方案》，以保证能够从整体上提升我国网络支付行业的安全性，进而提升我国网络支付在国际竞争中的能力。

《非银行支付机构风险专项整治工作实施方案》的具体内容见后文。

《非银行支付机构风险专项整治工作实施方案》

一、工作目标和原则

（一）工作目标

按照安全与效率兼顾 、鼓励创新与规范发展相结合、监管与服务并重、监管标准一致性的原则，规范非银行支付机构（以下简称支付机构）经营模式，清理整治无证机构，遏制市场乱象，优化市场环境，促进支付机构坚持服务电子商务发展和为社会提供小额、快捷、便民小微支付服务的宗旨，坚持支付中介的性质和职能。

（二）工作原则

高度重视、加强协调，全面分析支付服务市场违法违规行为和各种乱象带来的风险隐患，加强组织领导，明确职责分工，加强协调配合，形成工作合力。

突出重点，着眼长远，坚持问题导向，集中力量对当前支付服务市场存在的主要风险开展整治，有效打击违法违规行为，确保取得实效。认真总结整治工作经验，探索建立长效机制。

依法依规，维护稳定。严格按照有关法律法规和规章制度开展整治工作。对涉及资金风险的，区别情况进行处置，讲究方法节奏，稳妥处置风险，避免引发群体性事件。

落实责任，信用约束。对整治过程中发现的备付金管理薄弱、存在挪用备付金行为的支付机构依法从严、从重处理，严肃追究无证机构以及为无证机构违法违规活动提供通道或接口的相关支付机构、商业银行的责任。充分发挥信用约束作用，通过政府部门、行业协会等进行信息公开、公示，让无证机构一处违法、处处受限。

二、整治重点和措施

（一）开展支付机构客户备付金风险和跨机构清算业务整治

1. 加大对客户备付金问题的专项整治整改监督力度。一是强化客户备付金监测管理，及时预警客户备付金安全风险，加大执法检查中发现问题的整改力度。二是定期、不定期对支付机构的客户备付金安全性、完整性和合规性开展抽检、核查、整治，重点抽检业务不规范、风险问题较多且经营亏损较为严重的支付机构。三是因地制宜采取监管措施，增强支付机构的“红线”意识和备付金银行的责任意识。对备付金管理薄弱、存在挪用备付金行为的支付机构依法从严、从重处理。对未尽职履责甚至与支付机构合谋的备付金存管银行，采取限期改正、警告、罚款、通报批评、暂停或终止备付金存管业务等措施进行处罚。强化备付金存管银行关于客户备付金损失的责任，必要时要提供流动性支持。

2. 建立支付机构客户备付金集中存管制度。以保障客户备付金安全为基本目标，制定客户备付金集中存管方案，要求支付机构将客户备付金统一缴存人民银行或符合要求的商业银行，加强账户资金监测，防范资金风险。研究互联网金融平台资金账户的统一设立和集中监测。

3. 逐步取消对支付机构客户备付金的利息支出，降低客户备付金账户资金沉淀，引导支付机构回归支付本原、创新支付服务，不以变相吸收存款赚取利息收入。

4. 支付机构开展跨行支付业务必须通过人民银行跨行清算系统或者具有合法资质的清算机构进行，实现资金清算的透明化、集中化运作，加强对社会资金流向的实时监测。推动清算机构按照市场化原则共同建设网络支付清算平台，网络支付清算平台应向人民银行申请清算业务牌照。平台建立后，支付机构与银行多头连接开展的业务应全部迁移到平台处理。逐步取缔支付机构与银行直接连接处理业务的模式，确保客户备付金集中存管制度落地。

5. 严格支付机构市场准入和监管，加大违规处罚。按照问题控制、结构优化、提高质量、有序发展的原则，一般不再受理新机构设立申请，重点做好对已获牌机构的监管引导和整改规范。对于业务许可存续期间未实质开展过支付业务、长期连续停止开展支付业务、客户备付金管理存在风险隐患的机构，不予续展《支付业务许可证》。加大监督检查力度，严肃处理各种违法违规行为，坚决撤销严重违法违规机构的支付牌照，维护市场秩序，保护消费者合法权益。

（二）开展无证经营支付业务整治

排查梳理无证机构名单及相关信息，包括但不限于机构工商注册信息、客户或商户数量及分布、交易规模、业务模式，结算方式、资金规模、存放情况，与其他银行、支付机构合作情况，是否存在跨地区开展业务、层层转包业务、与其他无证机构合作情况，是否存在挪用、占用资金的可能，相关机构董事、监事、高级管理人员是否存在违法犯罪记录或其他异常情况。

根据无证机构业务规模、社会危害程度、违法违规性质和情节轻重分类施策。对于业务量小、社会危害程度轻、能够积极配合监管部门行动的无证机构，可给予整改期，限期整改不到位的，依法予以取缔；对于业务规模较大、存在资金风险隐患、不配合监管部门行动的无证机构，依法取缔。采取集中曝光和处理的方式，整治一批未取得《支付业务许可证》、非法开展资金支付结算业务的典型无证机构，发挥震慑作用，维护市场秩序。

三、职责分工

人民银行是支付机构风险专项整治工作牵头部门，会同公安部、工商总局等单位成立支付机构风险专项整治工作领导小组，领导小组办公室设在人民银行。

（一）支付机构客户备付金风险和跨机构清算整治职责分工。人民银行负责客户备付金的监管，加大客户备付金专项整治和执法力度，查处和纠正挪用、占用客户备付金情况以及备付金银行账户管理不规范、客户备付金真实性和完整性不足等问题，制定客户备付金集中存管方案并组织实施，改变支付机构通过客户备付金分散存放变相开展跨行清算业务的情况，指导清算机构按照市场化原则建设网络支付清算平台，省级人民政府负责牵头处置支付机构挪用客户备付金造成的风险事件，在业务、维稳、信访、舆情等方面做好应急处理工作。督促当地公安机关对支付机构挪用客户备付金行为依法追究责任。

（二）无证经营支付业务整治职责分工。人民银行负责总体部署及统筹协调工作，牵头制定专项整治方案。组织中国银联、商业银行、支付机构排查梳理无证机构提供的交易处理和资金结算通道。及时出具非法从事资金支付结算业务的行政认定意见。对违规商业银行、支付机构依法追究责任。组织在相关网站以及媒体公布无证机构名单，发布风险提示。会同有关部门稳妥做好相关资金风险处置工作，保障客户合法权益，防范社会群体性事件。牵头做好工作总结，研究完善联合工作机制。工商部门依法在企业信用信息公示系统中公示无证机构情况，将失联企业列入经营异常名录。对经人民银行认定未经许可从事支付业务且情节严重的企业，依法吊销营业执照。会同人民银行对与无证机构合作开展支付业务的商户进行公示。配合提供相关机构的工商登记监管信息。公安机关负责对有关单位移交和群众举报的无证机构可疑线索进行梳理分类，对涉嫌非法从事资金支付结算的，根据人民银行出具的行政认定意见依法进行查处。中国支付清算协会、中国银联、商业银行、支付机构协助开展无证机构排查、调查取证、风险提示等相关工作。省级人民政府统一领导本地区无证经营支付业务整治工作，建立风险事件应急制度和处置预案。做好本地区维稳工作。在省级人民政府统一领导下，成立省金融办（局）、人民银行省级分支机构、省公安厅（局）、省工商局等单位参加的专项整治工作小组，负责本地区无证经营支付业务整治工作。

四、时间进度

（一）支付机构客户备付金风险和跨机构清算业务整治工作

人民银行会同有关部门加大对2015年客户备付金执法检查中发现问题的整改力度，督促挪用、占用备付金的支付机构限期补足资金，监督备付金存管银行和支付机构落实整改要求，于2016年8月底前制定客户备付金集中存管方案。强化客户备付金安全监测管理，全面排查挪用、占用客户备付金等风险隐患，摸清风险底数，整治违法违规行为。

（二）无证机构支付业务整治工作

1. 深入排查，制定方案。排查梳理无证机构名单及相关信息，根据排查情况制定专项整治方案。对于存在较大风险隐患，可能涉及风险处置工作的，制定风险处置方案和应急预案，明确商户和消费者权益保障措施及维稳方案，确保不发生群体性事件。此项工作于 2016 年 7 月底前完成。

2. 集中清理，分类处置。各有关部门、各省人民政府按照职责分工开展专项整治和责任追究工作，对无证机构根据情况区别对待、分类处置。此项工作于 2016 年 11 月底前完成。

3. 总结工作，完善机制。和地方专项整治工作小组对本地区专项整治工作进行总结，形成报告报支付机构风险专项整治工作领导小组办公室。人民银行与工商部门、公安机关共同研究完善制度措施，推动建立无证机构常态化整治工作机制。此项工作于 2017 年 1 月底前完成。

附录 III：《关于促进互联网金融健康发展的指导意见》

出台背景：

近年来，互联网技术、信息通信技术不断取得突破，推动互联网与金融快速融合，促进了金融创新，提高了金融资源配置效率，但也存在一些问题和风险隐患。为全面贯彻落实党的十八大和十八届二中、三中、四中全会精神，按照党中央、国务院决策部署，遵循“鼓励创新、防范风险、趋利避害、健康发展”的总体要求，从金融业健康发展全局出发，进一步推进金融改革创新和对外开放，促进互联网金融健康发展，经党中央、国务院同意，提出以下意见。

《关于促进互联网金融健康发展的指导意见》

一、鼓励创新，支持互联网金融稳步发展

互联网金融是传统金融机构与互联网企业（以下统称从业机构）利用互联网技术和信息通信技术实现资金融通、支付、投资和信息中介服务的新型金融业务模式。互联网与金融深度融合是大势所趋，将对金融产品、业务、组织和服务等方面产生更加深刻的影响。互联网金融对促进小微企业发展和扩大就业发挥了现有金融机构难以替代的积极作用，为大众创业、万众创新打开了大门。促进互联网金融健康发展，有利于提升金融服务质量和效率，深化金融改革，促进金融创新发展，扩大金融业对内对外开放，构建多层次金融体系。作为新生事物，互联网金融既需要市场驱动，鼓励创新，也需要政策助力，促进发展。

（一）积极鼓励互联网金融平台、产品和服务创新，激发市场活力。鼓励银行、证券、保险、基金、信托和消费金融等金融机构依托互联网技术，实现传统金融业务与服务转型升级，积极开发基于互联网技术的新产品和新服务。支持有条件的金融机构建设创新型互联网平台开展网络银行、网络证券、网络保险、网络基金销售和网络消费金融等业务。支持互联网企业依法合规设立互联网支付机构、网络借贷平台、股权众筹融资平台、网络金融产品销售平台，建立服务实体经济的多层次金融服务体

系，更好地满足中小微企业和个人投融资需求，进一步拓展普惠金融的广度和深度。鼓励电子商务企业在符合金融法律法规规定的条件下自建和完善线上金融服务体系，有效拓展电商供应链业务。鼓励从业机构积极开展产品、服务、技术和管理创新，提升从业机构核心竞争力。

（二）鼓励从业机构相互合作，实现优势互补。支持各类金融机构与互联网企业开展合作，建立良好的互联网金融生态环境和产业链。鼓励银行业金融机构开展业务创新，为第三方支付机构和网络贷款平台等提供资金存管、支付清算等配套服务。支持小微金融服务机构与互联网企业开展业务合作，实现商业模式创新。支持证券、基金、信托、消费金融、期货机构与互联网企业开展合作，拓宽金融产品销售渠道，创新财富管理模式。鼓励保险公司与互联网企业合作，提升互联网金融企业风险抵御能力。

（三）拓宽从业机构融资渠道，改善融资环境。支持社会资本发起设立互联网金融产业投资基金，推动从业机构与创业投资机构、产业投资基金深度合作。鼓励符合条件的优质从业机构在主板、创业板等境内资本市场上市融资。鼓励银行业金融机构按照支持小微企业发展的各项金融政策，对处于初创期的从业机构予以支持。针对互联网企业特点，创新金融产品和服务。

（四）坚持简政放权，提供优质服务。各金融监管部门要积极支持金融机构开展互联网金融业务。按照法律法规规定，对符合条件的互联网企业开展相关金融业务实施高效管理。工商行政管理部门要支持互联网企业依法办理工商注册登记。电信主管部门、国家互联网信息管理部门要积极支持互联网金融业务，电信主管部门对互联网金融业务涉及的电信业务进行监管，国家互联网信息管理部门负责对金融信息服务、互联网信息内容等业务进行监管。积极开展互联网金融领域立法研究，适时出台相关管理规章，营造有利于互联网金融发展的良好制度环境。加大对从业机构专利、商标等知识产权的保护力度。鼓励省级人民政府加大对互联网金融的政策支持。支持设立专业化互联网金融研究机构，鼓励建设互联网金融信息交流平台，积极开展互联网金融研究。

（五）落实和完善有关财税政策。按照税收公平原则，对于业务规模较小、处于初创期的从业机构，符合我国现行对中小企业特别是小微企业税收政策条件的，可按规定享受税收优惠政策。结合金融业营业税改征增值税改革，统筹完善互联网金融税收政策。落实从业机构新技术、新产品研发费用税前加计扣除政策。

（六）推动信用基础设施建设，培育互联网金融配套服务体系。支持大数据存储、网络与信息安全维护等技术领域基础设施建设。鼓励从业机构依法建立信用信息共享平台。推动符合条件的相关从业机构接入金融信用信息基础数据库。允许有条件的从业机构依法申请征信业务许可。支持具备资质的信用中介组织开展互联网企业信用评级，增强市场信息透明度。鼓励会计、审计、法律、咨询等中介服务机构为互联网企业提供相关专业服务。

二、分类指导，明确互联网金融监管责任

互联网金融本质仍属于金融，没有改变金融风险隐蔽性、传染性、广泛性和突发性的特点。加强互联网金融监管，是促进互联网金融健康发展的内在要求。同时，互联网金融是新生事物和新兴业态，要制定适度宽松的监管政策，为互联网金融创新留有余地和空间。通过鼓励创新和加强监管相互支撑，促进互联网金融健康发展，更好地服务

实体经济。互联网金融监管应遵循“依法监管、适度监管、分类监管、协同监管、创新监管”的原则，科学合理界定各业态的业务边界及准入条件，落实监管责任，明确风险底线，保护合法经营，坚决打击违法和违规行为。

（七）互联网支付。互联网支付是指通过计算机、手机等设备，依托互联网发起支付指令、转移货币资金的服务。互联网支付应始终坚持服务电子商务发展和为社会提供小额、快捷、便民小微支付服务的宗旨。银行业金融机构和第三方支付机构从事互联网支付，应遵守现行法律法规和监管规定。第三方支付机构与其他机构开展合作的，应清晰界定各方的权利义务关系，建立有效的风险隔离机制和客户权益保障机制。要向客户充分披露服务信息，清晰地提示业务风险，不得夸大支付服务中介的性质和职能。互联网支付业务由人民银行负责监管。

（八）网络借贷。网络借贷包括个体网络借贷（即 P2P 网络借贷）和网络小额贷款。个体网络借贷是指个体和个体之间通过互联网平台实现的直接借贷。在个体网络借贷平台上发生的直接借贷行为属于民间借贷范畴，受合同法、民法通则等法律法规以及最高人民法院相关司法解释规范。个体网络借贷要坚持平台功能，为投资方和融资方提供信息交互、撮合、资信评估等中介服务。个体网络借贷机构要明确信息中介性质，主要为借贷双方的直接借贷提供信息服务，不得提供增信服务，不得非法集资。网络小额贷款是指互联网企业通过其控制的小额贷款公司，利用互联网向客户提供的小额贷款。网络小额贷款应遵守现有小额贷款公司监管规定，发挥网络贷款优势，努力降低客户融资成本。网络借贷业务由银监会负责监管。

（九）股权众筹融资。股权众筹融资主要是指通过互联网形式进行公开小额股权融资的活动。股权众筹融资必须通过股权众筹融资中介机构平台（互联网网站或其他类似的电子媒介）进行。股权众筹融资中介机构可以在符合法律法规规定前提下，对业务模式进行创新探索，发挥股权众筹融资作为多层次资本市场有机组成部分的作用，更好服务创新创业企业。股权众筹融资方应为小微企业，应通过股权众筹融资中介机构向投资人如实披露企业的商业模式、经营管理、财务、资金使用等关键信息，不得误导或欺诈投资者。投资者应当充分了解股权众筹融资活动风险，具备相应风险承受能力，进行小额投资。股权众筹融资业务由证监会负责监管。

（十）互联网基金销售。基金销售机构与其他机构通过互联网合作销售基金等理财产品的，要切实履行风险披露义务，不得通过违规承诺收益方式吸引客户；基金管理人应当采取有效措施防范资产配置中的期限错配和流动性风险；基金销售机构及其合作机构通过其他活动为投资人提供收益的，应当对收益构成、先决条件、适用情形等进行全面、真实、准确表述和列示，不得与基金产品收益混同。第三方支付机构在开展基金互联网销售支付服务过程中，应当遵守人民银行、证监会关于客户备付金及基金销售结算资金的相关监管要求。第三方支付机构的客户备付金只能用于办理客户委托的支付业务，不得用于垫付基金和其他理财产品的资金赎回。互联网基金销售业务由证监会负责监管。

（十一）互联网保险。保险公司开展互联网保险业务，应遵循安全性、保密性和稳定性原则，加强风险管理，完善内控系统，确保交易安全、信息安全和资金安全。专业互联网保险公司应当坚持服务互联网经济活动的基本定位，提供有针对性的保险服务。保险公司应建立对所属电子商务公司等非保险类子公司的管理制度，建立必要的防火墙。保险公司通过互联网销售保险产品，不得进行不实陈述、片面或夸大宣传过往业绩、违规承诺收益或者承担损失等误导性描述。互联网保险业务由保监会负责监管。

（十二）互联网信托和互联网消费金融。信托公司、消费金融公司通过互联网开展业务的，要严格遵循监管规定，加强风险管理，确保交易合法合规，并保护客户信息。信托公司通过互联网进行产品销售及开展其他信托业务的，要遵守合格投资者等监管规定，审慎甄别客户身份和评估客户风险承受能力，不能将产品销售给予风险承受能力不相匹配的客户。信托公司与消费金融公司要制定完善产品文件签署制度，保证交易过程合法合规，安全规范。互联网信托业务、互联网消费金融业务由银监会负责监管。

三、健全制度，规范互联网金融市场秩序

发展互联网金融要以市场为导向，遵循服务实体经济、服从宏观调控和维护金融稳定的总体目标，切实保障消费者合法权益，维护公平竞争的市场秩序。要细化管理制度，为互联网金融健康发展营造良好环境。

（十三）互联网行业管理。任何组织和个人开设网站从事互联网金融业务的，除应按规定履行相关金融监管程序外，还应依法向电信主管部门履行网站备案手续，否则不得开展互联网金融业务。工业和信息化部负责对互联网金融业务涉及的电信业务进行监管，国家互联网信息办公室负责对金融信息服务、互联网信息内容等业务进行监管，两部门按职责制定相关监管细则。

（十四）客户资金第三方存管制度。除另有规定外，从业机构应当选择符合条件的银行业金融机构作为资金存管机构，对客户资金进行管理和监督，实现客户资金与从业机构自身资金分账管理。客户资金存管账户应接受独立审计并向客户公开审计结果。人民银行会同金融监管部门按照职责分工实施监管，并制定相关监管细则。

（十五）信息披露、风险提示和合格投资者制度。从业机构应当对客户进行充分的信息披露，及时向投资者公布其经营活动和财务状况的相关信息，以便投资者充分了解从业机构运作状况，促使从业机构稳健经营和控制风险。从业机构应当向各参与方详细说明交易模式、参与方的权利和义务，并进行充分的风险提示。要研究建立互联网金融的合格投资者制度，提升投资者保护水平。有关部门按照职责分工负责监管。

（十六）消费者权益保护。研究制定互联网金融消费者教育规划，及时发布维权提示。加强互联网金融产品合同内容、免责条款规定等与消费者利益相关的信息披露工作，依法监督处理经营者利用合同格式条款侵害消费者合法权益的违法、违规行为。构建在线争议解决、现场接待受理、监管部门受理投诉、第三方调解以及仲裁、诉讼等多元化纠纷解决机制。细化完善互联网金融个人信息保护的原则、标准和操作流程。严禁网络销售金融产品过程中的不实宣传、强制捆绑销售。人民银行、银监会、证监会、保监会会同有关行政执法部门，根据职责分工依法开展互联网金融领域消费者和投资者权益保护工作。

（十七）网络与信息安全。从业机构应当切实提升技术安全水平，妥善保管客户资料和交易信息，不得非法买卖、泄露客户个人信息。人民银行、银监会、证监会、保监会、工业和信息化部、公安部、国家互联网信息办公室分别负责对相关从业机构的网络与信息安全保障进行监管，并制定相关监管细则和技术安全标准。

（十八）反洗钱和防范金融犯罪。从业机构应当采取有效措施识别客户身份，主动监测并报告可疑交易，妥善保存客户资料和交易记录。从业机构有义务按照有关规定，建立健全有关协助查询、冻结的规章制度，协助公安机关和司法机关依法、及时查询、冻结涉案财产，配合公安机关和司法机关做好取证和执行工作。坚决打击涉及非法集资等互联网金融犯罪，防范金融风险，维护金融秩序。金融机构在和互联网企业开展合作、代理时应根据有关法律和规定签订包括反洗钱和防范金融犯罪要求的合作、代理协议，并确保不因合作、代理关系而降低反洗钱和金融犯罪执行标准。人民银行牵头负责对从业机构履行反洗钱义务进行监管，并制定相关监管细则。打击互联网金融犯罪工作由公安部牵头负责。

（十九）加强互联网金融行业自律。充分发挥行业自律机制在规范从业机构市场行为和保护行业合法权益等方面的积极作用。人民银行会同有关部门，组建中国互联网金融协会。协会要按业务类型，制订经营管理规则和行业标准，推动机构之间的业务交流和信息共享。协会要明确自律惩戒机制，提高行业规则和标准的约束力。强化守法、诚信、自律意识，树立从业机构服务经济社会发展的正面形象，营造诚信规范发展的良好氛围。

（二十）监管协调与数据统计监测。各监管部门要相互协作、形成合力，充分发挥金融监管协调部际联席会议制度的作用。人民银行、银监会、证监会、保监会应当密切关注互联网金融业务发展及相关风险，对监管政策进行跟踪评估，适时提出调整建议，不断总结监管经验。财政部负责互联网金融从业机构财务监管政策。人民银行会同有关部门，负责建立和完善互联网金融数据统计监测体系，相关部门按照监管职责分工负责相关互联网金融数据统计和监测工作，并实现统计数据和信息共享。

附录Ⅳ：《互联网保险业务监管暂行办法》

出台背景：

近年来，互联网电子商务发展迅速，给保险业带来了极大的冲击和变革，互联网保险成为保险业的必然选择。2013年11月6日，由平安保险董事长马明哲、腾讯CEO马化腾和阿里集团董事局主席马云，共同出资设立的全国首家网络险企——众安在线财产保险有限公司成立，自此之后，越来越多的人开始真正关注互联网保险的发展现状以及思考互联网保险发展过程中存在的问题。针对这些问题，经过多方、全面考察和探索，为了规范互联网保险经营行为，保护保险消费者的合法权益，促进互联网保险业务健康发展，中国保监会制定了《互联网保险业务监管暂行办法》，并在2015年7月22日正式颁布。

《互联网保险业务监管暂行办法》

为规范互联网保险经营行为，保护保险消费者合法权益，促进互联网保险业务健康发展，根据《中华人民共和国保险法》等法律、行政法规，制定本办法。

第一章　总则

第一条　本办法所称互联网保险业务，是指保险机构依托互联网和移动通信等技术，通过自营网络平台、第三方网络平台等订立保险合同、提供保险服务的业务。

本办法所称保险机构，是指经保险监督管理机构批准设立，并依法登记注册的保险公司和保险专业中介机构。保险专业中介机构是指经营区域不限于注册地所在省、自治区、直辖市的保险专业代理公司、保险经纪公司和保险公估机构。

本办法所称自营网络平台，是指保险机构依法设立的网络平台。

本办法所称第三方网络平台，是指除自营网络平台外，在互联网保险业务活动中，为保险消费者和保险机构提供网络技术支持辅助服务的网络平台。

第二条　保险机构开展互联网保险业务，应遵守法律、行政法规以及本办法的有关规定，不得损害保险消费者合法权益和社会公共利益。

保险机构应科学评估自身风险管控能力、客户服务能力，合理确定适合互联网经营的保险产品及其销售范围，不能确保客户服务质量和风险管控的，应及时予以调整。

保险机构应保证互联网保险消费者享有不低于其他业务渠道的投保和理赔等保险服务，保障保险交易信息和消费者信息安全。

第三条　互联网保险业务的销售、承保、理赔、退保、投诉处理及客户服务等保险经营行为，应由保险机构管理和负责。

第三方网络平台经营开展上述保险业务的，应取得保险业务经营资格。

第二章　经营条件与经营区域

第四条　互联网保险业务应由保险机构总公司建立统一集中的业务平台和处理流程，实行集中运营、统一管理。

除本办法第一条规定的保险公司和保险专业中介机构外，其他机构或个人不得经营互联网保险业务。保险机构的从业人员不得以个人名义开展互联网保险业务。

第五条　保险机构开展互联网保险业务的自营网络平台，应具备下列条件：

（一）具有支持互联网保险业务运营的信息管理系统，实现与保险机构核心业务系统的无缝实时对接，并确保与保险机构内部其他应用系统的有效隔离，避免信息安全风险在保险机构内外部传递与蔓延。

（二）具有完善的防火墙、入侵检测、数据加密以及灾难恢复等互联网信息安全管理体系；

（三）具有互联网行业主管部门颁发的许可证或者在互联网行业主

管部门完成网站备案，且网站接入地在中华人民共和国境内；

（四）具有专门的互联网保险业务管理部门，并配备相应的专业人员；

（五）具有健全的互联网保险业务管理制度和操作规程；

（六）互联网保险业务销售人员应符合保监会有关规定；

（七）中国保监会规定的其他条件。

第六条　保险机构通过第三方网络平台开展互联网保险业务的，第三方网络平台应具备下列条件：

（一）具有互联网行业主管部门颁发的许可证或者在互联网行业主管部门完成网站备案，且网站接入地在中华人民共和国境内；

（二）具有安全可靠的互联网运营系统和信息安全管理体系，实现与保险机构应用系统的有效隔离，避免信息安全风险在保险机构内外部传递与蔓延；

（三）能够完整、准确、及时向保险机构提供开展保险业务所需的投保人、被保险人、受益人的个人身份信息、联系信息、账户信息以及投保操作轨迹等信息；

（四）最近两年未受到互联网行业主管部门、工商行政管理部门等政府部门的重大行政处罚，未被中国保监会列入保险行业禁止合作清单；

（五）中国保监会规定的其他条件。

第三方网络平台不符合上述条件的，保险机构不得与其合作开展互联网保险业务。

第七条　保险公司在具有相应内控管理能力且能满足客户服务需求的情况下，可将下列险种的互联网保险业务经营区域扩展至未设立分公司的省、自治区、直辖市：

（一）人身意外伤害保险、定期寿险和普通型终身寿险；

（二）投保人或被保险人为个人的家庭财产保险、责任保险、信用保险和保证保险；

（三）能够独立、完整地通过互联网实现销售、承保和理赔全流程服务的财产保险业务；

（四）中国保监会规定的其他险种。

中国保监会可以根据实际情况，调整并公布上述可在未设立分公司的省、自治区、直辖市经营的险种范围。

对投保人、被保险人、受益人或保险标的所在的省、自治区、直辖市，保险公司没有设立分公司的，保险机构应在销售时就其可能存在的服务不到位、时效差等问题做出明确提示，要求投保人确认，并留存确认记录。

保险专业中介机构开展互联网保险业务的业务范围和经营区域，应与提供相应承保服务的保险公司保持一致。

第三章　信息披露

第八条　保险机构开展互联网保险业务，不得进行不实陈述、片面或夸大宣传过往业绩、违规承诺收益或者承担损失等误导性描述。

保险机构应在开展互联网保险业务的相关网络平台的显著位置，以清晰易懂的语言列明保险产品及服务等信息，需列明的信息包括下列内容：

（一）保险产品的承保公司、销售主体及承保公司设有分公司的省、自治区、直辖市清单；

（二）保险合同订立的形式，采用电子保险单的，应予以明确说明；

（三）保险费的支付方式，以及保险单证、保险费发票等凭证的配送方式、收费标准；

（四）投保咨询方式、保单查询方式及客户投诉渠道；

（五）投保、承保、理赔、保全、退保的办理流程及保险赔款、退保金、保险金的支付方式；

（六）针对投保人（被保险人或者受益人）的个人信息、投保交易信息和交易安全的保障措施；

（七）中国保监会规定的其他内容。

其中，互联网保险产品的销售页面上应包含下列内容：

（一）保险产品名称（条款名称和宣传名称）及批复文号、备案编号或报备文件编号；

（二）保险条款、费率（或保险条款、费率的链接），其中应突出提示和说明免除保险公司责任的条款，并以适当的方式突出提示理赔要求、保险合同中的犹豫期、费用扣除、退保损失、保险单现金价值等重点内容；

（三）销售人身保险新型产品的，应按照《人身保险新型产品信息披露管理办法》的有关要求进行信息披露和利益演示，严禁片面使用“预期收益率”等描述产品利益的宣传语句；

（四）保险产品为分红险、投连险、万能险等新型产品的，须以不小于产品名称字号的黑体字标注收益不确定性；

（五）投保人的如实告知义务，以及违反义务的后果；

（六）保险产品销售区域范围；

（七）其他直接影响消费者利益和购买决策的事项。

网络平台上公布的保险产品相关信息，应由保险公司统一制作和授权发布，并确保信息内容合法、真实、准确、完整。

第九条　开展互联网保险业务的保险机构，应在其官方网站建立互联网保险信息披露专栏，需披露的信息包括下列内容：

（一）经营互联网保险业务的网站名称、网址，如为第三方网络平台，还要披露业务合作范围；

（二）互联网保险产品信息，包括保险产品名称、条款费率（或链接）及批复文号、备案编号、报备文件编号或条款编码；

（三）已设立分公司名称、办公地址、电话号码等；

（四）客户服务及消费者投诉方式；

（五）中国保监会规定的其他内容。

保险专业中介机构开展互联网保险业务的，应披露的信息还应包括中国保监会颁发的业务许可证、营业执照登载的信息或营业执照的电子链接标识、保险公司的授权范围及内容。

第四章　经营规则

第十条　保险机构应将保险监管规定及有关要求告知合作单位，并留存告知记录。保险机构与第三方网络平台应签署合作协议，明确约定双方权利义务，确保分工清晰、责任明确。因第三方网络平台原因导致保险消费者或者保险机构合法权益受到损害的，第三方网络平台应承担赔偿责任。

第十一条　第三方网络平台应在醒目位置披露合作保险机构信息及第三方网络平台备案信息，并提示保险业务由保险机构提供。

第三方网络平台应于收到投保申请后 24 小时内向保险机构完整、准确地提供承保所需的资料信息，包括投保人（被保险人、受益人）的姓名、证件类型、证件号码、联系方式、账户等资料。除法律法规规定的情形外，保险机构及第三方网络平台不得将相关信息泄露给任何机构和个人。

第三方网络平台为保险机构提供宣传服务的，宣传内容应经保险公司审核，以确保宣传内容符合有关监管规定。保险公司对宣传内容的真实性、准确性和合规性承担相应责任。

第十二条　保险公司应加强对互联网保险产品的管理，选择适合互联网特性的保险产品开展经营，并应用互联网技术、数据分析技术等开发适应互联网经济需求的新产品，不得违反社会公德、保险基本原理及相关监管规定。

第十三条　投保人交付的保险费应直接转账支付至保险机构的保费收入专用账户，第三方网络平台不得代收保险费并进行转支付。保费收入专用账户包括保险机构依法在第三方支付平台开设的专用账户。

第十四条　保险机构及第三方网络平台以赠送保险，或与保险直接相关物品和服务的形式开展促销活动的，应符合中国保监会有关规定。不得以现金或同类方式向投保人返还所交保费。

第十五条　保险机构应完整记录和保存互联网保险业务的交易信息，确保能够完整、准确地还原相关交易流程和细节。交易信息应至少包括：产品宣传和销售文本、销售和服务日志、投保人操作轨迹等。第三方网络平台应协助和支持保险机构依法取得上述信息。

第十六条　保险公司应加强互联网保险业务的服务管理，建立支持咨询、投保、退保、理赔、查询和投诉的在线服务体系，探索以短信、即时通信工具等多种方式开展客户回访，简化服务流程，创新服务方式，确保客户服务的高效和便捷。

对因需要实地核保、查勘和调查等因素而影响向消费者提供快速和便捷保险服务的险种，保险机构应立即暂停相关保险产品的销售，并采取有效措施进行整改，整改后仍不能解决的，应终止相关保险产品的销售。

第十七条　保险机构应加强业务数据的安全管理，采取防火墙隔离、数据备份、故障恢复等技术手段，确保与互联网保险业务有关交易数据和信息的安全、真实、准确、完整。

保险机构应防范假冒网站、APP应用等针对互联网保险的违法犯罪活动，检查网页上对外链接的可靠性，开辟专门渠道接受公众举报，发现问题后应立即采取防范措施，并及时向保监会报告。

第十八条　保险机构应加强客户信息管理，确保客户资料信息真实有效，保证信息采集、处理及使用的安全性和合法性。

对开展互联网保险业务过程中收集的客户信息，保险机构应严格保密，不得泄露，未经客户同意，不得将客户信息用于所提供服务之外的目的。

第十九条　保险公司应制定应急处置预案，妥善应对因突发事件、不可抗力等原因导致的互联网保险业务经营中断。

保险机构互联网保险业务经营中断的，应在自营网络平台或第三方网络平台的主页显著位置进行及时公布，并说明原因及后续处理方式。

第二十条　保险机构应建立健全客户身份识别制度，加强对大额交易和可疑交易的监控和报告，严格遵守反洗钱有关规定。

保险机构应要求投保人原则上使用本人账户支付保险费，退保时保险费应退还至原交费账户，赔款资金应支付到投保人本人、被保险人账户或受益人账户。对保险期间超过一年的人身保险业务，保险机构应核对投保人账户信息的真实性，确保付款人、收款人为投保人本人。

保险机构应建立健全互联网保险反欺诈制度，加强对互联网保险欺诈的监控和报告，第三方网络平台应协助保险机构开展反欺诈监控和调查。

第二十一条　保险公司向保险专业中介机构及第三方网络平台支付相关费用时，应当由总公司统一结算、统一授权转账支付。

保险公司应按照合作协议约定的费用种类和标准，向保险专业中介机构支付中介费用或向第三方网络平台支付信息技术费用等，不得直接或间接给予合作协议约定以外的其他利益。

第二十二条　中国保监会及其派出机构依据法律法规及相关监管规定，对保险机构和第三方网络平台的互联网保险经营行为进行日常监管和现场检查，保险机构和第三方网络平台应予配合。

第二十三条　中国保险行业协会依据法律法规及中国保监会的有关规定，对互联网保险业务进行自律管理。

中国保险行业协会应在官方网站建立互联网保险信息披露专栏，对开展互联网保险业务的保险机构及其合作的第三方网络平台等信息进行披露，便于社会公众查询和监督。中国保监会官方网站同时对相关信息进行披露。

第五章　监督管理

第二十四条　开展互联网保险业务的保险机构具有以下情形之一的，中国保监会可以责令整改；情节严重的，依法予以行政处罚：

（一）擅自授权分支机构开办互联网保险业务的；

（二）与不符合本办法规定的第三方网络平台合作的；

（三）发生交易数据丢失或客户信息泄露，造成不良后果的；

（四）未按照本办法规定披露信息或做出提示，进行误导宣传的；

（五）违反本办法关于经营区域、费用支付等有关规定的；

（六）不具备本办法规定的开展互联网保险业务条件的；

（七）违反中国保监会规定的其他行为。

第二十五条　开展互联网保险业务的第三方网络平台具有以下情形之一的，中国保监会可以要求其改正；拒不改正的，中国保监会可以责令有关保险机构立即终止与其合作，将其列入行业禁止合作清单，并在全行业通报：

（一）擅自与不符合本办法规定的机构或个人合作开展互联网保险业务；

（二）未经保险公司同意擅自开展宣传，造成不良后果的；

（三）违反本办法关于信息披露、费用支付等规定的；

（四）未按照本办法规定向保险机构提供或协助保险机构依法取得承保所需信息资料的；

（五）不具备本办法规定的开展互联网保险业务条件的；

（六）不配合保险监管部门开展监督检查工作的；

（七）违反中国保监会规定的其他行为。

第二十六条　中国保监会统筹负责互联网保险业务的监管，各保监局负责辖区内互联网保险业务的日常监测与监管，并可根据中国保监会授权对有关保险机构开展监督检查。

保险机构或其从业人员违反本办法，中国保监会及其派出机构可以通过监管谈话、监管函等措施，责令限期整改；拒不整改、未按要求整改，或构成《保险法》等法律、行政法规规定的违法行为的，依法进行处罚。

第六章　附则

第二十七条　专业互联网保险公司的经营范围和经营区域，中国保监会另有规定的，适用其规定。

再保险业务不适用本办法。

第二十八条　对保险机构通过即时通信工具、应用软件、社交平台等途径销售保险产品的管理，参照适用本办法。

保险公司、保险集团（控股）公司下属非保险类子公司依法设立的网络平台，参照第三方网络平台管理。

第二十九条　本办法由中国保监会负责解释和修订。

第三十条　本办法自 2015 年 10 月 1 日起施行，施行期限为 3 年。《保险代理、经纪公司互联网保险业务监管办法（试行）》（保监发〔2011〕53 号）同时废止。